U0957789

环保公益性行业科研专项经费项目系列丛书

稀土资源开发生态环境成本核算研究：方法与实证

葛察忠　张安文　董战峰　璩爱玉
曾贤刚　王爱云　程翠云　著

中国环境出版集团·北京

图书在版编目（CIP）数据

稀土资源开发生态环境成本核算研究：方法与实证/葛察忠等著. —北京：中国环境出版集团，2017.12
ISBN 978-7-5111-3476-9

Ⅰ. ①稀… Ⅱ. ①葛… Ⅲ. ①稀土金属—矿产资源开发—生态环境—成本计算—中国 Ⅳ. ①F426.1

中国版本图书馆 CIP 数据核字（2017）第 325471 号

出 版 人 武德凯
责任编辑 葛 莉
责任校对 任 丽
封面设计 宋 瑞

出版发行 中国环境出版集团
（100062 北京市东城区广渠门内大街 16 号）
网 址：http://www.cesp.com.cn
电子邮箱：bjgl@cesp.com.cn
联系电话：010-67112765（编辑管理部）
010-67113412（第二分社）
发行热线：010-67125803，010-67113405（传真）
印 刷 北京中科印刷有限公司
经 销 各地新华书店
版 次 2018 年 3 月第 1 版
印 次 2018 年 3 月第 1 次印刷
开 本 787×1092 1/16
印 张 10.5
字 数 196 千字
定 价 40.00 元

【版权所有。未经许可，请勿翻印、转载，违者必究。】

如有缺页、破损、倒装等印装质量问题，请寄回本社更换

环保公益性行业科研专项经费项目系列丛书

编著委员会名单

顾　问：黄润秋

组　长：邹首民

副组长：王开宇

成　员：禹　军　陈　胜　刘海波

本书项目技术组

项 目 名 称：稀土资源开发生态环境成本核算技术与环境损失评估

项目负责人：葛察忠

技术组组长：董战峰

项目组成员（以姓氏拼音拼序）：

陈占恒　程翠云　韩晓英　李红祥　李　平　李瑞萍

刘一力　李振民　龙　凤　马国霞　宁　佳　牛京考

彭　菲　秦昌波　璩爱玉　王爱云　王小君　吴　琼

杨威杉　於　方　虞慧怡　张安文　曾贤刚　赵学涛

周夏飞　朱文泉

总　序

目前，全球性和区域性环境问题不断加剧，已经成为限制各国经济社会发展的主要因素，解决环境问题的需求十分迫切。环境问题也是我国经济社会发展面临的困难之一，特别是在我国快速工业化、城镇化进程中，这个问题变得更加突出。党中央、国务院高度重视环境保护工作，积极推动我国生态文明建设进程。党的十八大以来，按照“五位一体”总体布局、“四个全面”战略布局以及“五大发展”理念，党中央、国务院把生态文明建设和环境保护摆在更加重要的战略地位，先后出台了《环境保护法》《关于加快推进生态文明建设的意见》《生态文明体制改革总体方案》《大气污染防治行动计划》《水污染防治行动计划》《土壤污染防治行动计划》等一批法律法规和政策文件，我国环境治理力度前所未有，环境保护工作和生态文明建设的进程明显加快，环境质量有所改善。

在党中央、国务院的坚强领导下，环境问题全社会共治的局面正在逐步形成，环境管理正在走向系统化、科学化、法治化、精细化和信息化。科技是解决环境问题的利器，科技创新和科技进步是提升环境管理系统化、科学化、法治化、精细化和信息化的基础，必须加快建立持续改善环境质量的科技支撑体系，加快建立科学有效防控人群健康和环境风险的科技基础体系，建立开拓进取、充满活力的环保科技创新体系。

“十一五”以来，中央财政加大对环保科技的投入，先后启动实施水体污染控制与治理科技重大专项、清洁空气研究计划、蓝天科技工程专项等专项，同时设立了环保公益性行业科研专项。根据财政部、科技部的总体部署，环保公益性行业科研专项紧密围绕《国家中长期科学和技术发展规划纲要（2006—2020年）》《国家创新驱动发展战略纲要》《国家科技创新规划》和《国家环境保护科技发展规划》，立足环境管理中的科技需求，积极开展应急性、培育性、基础性科学研究。"十一五"以来，环境保护部组织实施了公益性行业科研专项项目479项，涉及大气、水、生态、土壤、固废、化学品、核与辐射等领域，共有包括中央级科研院所、高等院校、地方环保科研单位和企业等几百家单位参与，逐步形成了优势互补、团结协作、良性竞争、共同发展的环保科技"统一战线"。目前，专项取得了重要研究成果，已验收的项目中，共提交各类标准、技术规范1232项，各类政策建议与咨询报告592项，授权专利626项，出版专著367余部，专项研究成果在各级环保部门中得到较好的应用，为解决我国环境问题和提升环境管理水平提供了重要的科技支撑。

为广泛共享环保公益性行业科研专项项目研究成果，及时总结项目组织管理经验，环境保护部科技标准司组织出版环保公益性行业科研专项经费系列丛书。该丛书汇集了一批专项研究的代表性成果，具有较强的学术性和实用性，可以说是环境领域不可多得的资料文献。丛书的组织出版，在科技管理上也是一次很好的尝试，我们希望通过这一尝试，能够进一步活跃环保科技的学术氛围，促进科技成果的转化与应用，不断提高环境治理能力现代化水平，为持续改善我国环境质量提供强有力的科技支撑。

中华人民共和国环境保护部副部长

黄润秋

前　言

稀土是世界公认的发展高新技术、国防尖端技术的战略资源，是 21 世纪新材料的宝库，其重要性越来越明显。我国是世界稀土资源最丰富的国家，也是世界上唯一能够大量供应不同等级、不同品种稀土产品的国家。我国已成为世界稀土生产、消费和出口的第一大国，在国际上具有举足轻重的地位。但是这一相对优势却是建立在高环境成本代价、低资源价格及浪费型开采基础上的，我国远未成为稀土高技术产业的强国。要将我国的稀土资源优势转化为技术和经济优势，实现我国从稀土生产大国到稀土产业强国的跨越发展，必须重视开展稀土产业发展的基础理论以及关键技术方法研究，建立科学的稀土资源可持续开发利用技术和管理体系。其中，建立国家稀土资源开发的生态环境成本核算技术体系，系统评估我国稀土资源开发的生态环境影响，并制定实施相关的调控政策是我国稀土产业可持续发展战略的必然选择，是实现我国从稀土生产大国到稀土产业强国的跨越发展，推动稀土产业绿色发展转型、提高国际产业竞争力的迫切需要。

本书是环保公益性行业科研专项项目“稀土资源开发生态环境成本核算技术与环境损失评估”的主要研究成果。根据实地调研、专家咨询并结合文献调研等，评估了我国稀土资源开发对生态和环境的影响，系统总结了国际上广泛采用的资源与环境经济核算的主要方法体系，结合国内外资源环境经济核算经验和我国稀土资源开发特点，构建了稀土资源开发生态环境成本核算总体框架，采用治理成本法和污染损失法分别核算包头轻稀土资源、赣州中重稀土资源开发生态环境成本，最后提出了稀土资源可持续开发利用建议。全书共分为 8 章内容。

第 1 章稀土资源开发及利用状况。概括介绍了稀土元素及其应用领域和产业链、全球稀土资源开发现状、我国稀土资源分布及开发现状等。

第2章资源开发生态环境成本核算研究进展。通过梳理SEEA2003、NAMEA、SERIEE和绿色GDP等综合资源与环境经济核算体系和能源电力、交通、煤炭、矿山开发等行业资源与环境经济核算方法，评估了国内外资源环境经济核算方法的最新研究与实践进展，系统总结了国际上广泛采用的资源与环境经济核算的主要方法。

第3章稀土资源开发生态环境成本核算框架。结合国内外资源环境经济核算经验和我国稀土资源的资源特性、开发水平、生产工艺等不同特征，以及可能造成的生态破坏和环境污染类型，确定了我国稀土资源开发生态环境成本核算目标，提出生态环境成本核算的关键技术指标，构建了稀土资源开发生态环境成本核算的总体框架，明确了主要核算内容、核算方法以及核算步骤。

第4章稀土资源开发生态环境实物量核算。分别就水污染、大气污染、固废污染以及生态破坏确定了实物量核算方法。

第5章稀土资源开发生态环境价值量核算。基于治理成本法和污染损失法分别就水污染、大气污染、固废污染以及生态破坏确定了价值量核算方法。

第6章轻稀土资源开发生态环境成本核算：包头市。全面分析了包头市稀土资源开发对生态环境的影响，根据包头轻稀土资源开发的特点，结合第3章提出的核算方法和框架对包头稀土开发利用进行污染物实物量核算和环境污染价值量核算。

第7章中重稀土资源开发生态环境成本核算：赣州市。全面分析了赣州市稀土资源开发对生态环境的影响，根据赣州中重稀土资源开发的特点，结合第3章提出的核算方法和框架对赣州稀土开采阶段生态破坏损失、环境污染损失以及冶炼分离阶段的环境污染损失进行核算。

第8章结论与展望。构建了稀土资源开采和冶炼的生态破坏损失和环境污染损失核算框架，为开展其他矿产资源开发的生态环境损失核算提供基本的方法体系。通过稀土资源开发生态环境成本核算，包头、赣州稀土开发环境成本均呈上升趋势，建议按照市场化的原则加快推进稀土定价机制改革，使稀土开采中的资源折耗成本与生态环境外部成本在稀土资源的价格中充分显现。

项目的实施过程中，得到了环境保护部科技司以及政法司的大力支持，赣州市环保局、包头市环保局等单位对调研工作给予了大力支持，在此表示感谢！本项目由中国稀土学会、国土资源部中国地质科学研究院、中国人民大学等单位共同承担，在此对所有参与单位的专家表示衷心的感谢！特别感谢中国环境出版集团对出版工作的大力支持，高效的编辑工作为本书的顺利出版提供了保障。最后，请允许我代表各位作者向所有为本书出版做出贡献和提供帮助的朋友和同仁一并表示衷心的感谢！

希望本书的出版会对国内高校院所从事稀土资源可持续开发利用以及环境管理研究的专家学者、有关政府部门管理人员，以及相关专业的博士研究生、硕士研究生和本科生提供参考。此外，要说明的是，由于编者水平有限，难免存在不足之处，恳请广大同仁和读者批评指正！

葛察忠

2017 年 11 月 13 日

目　录

第1章 稀土资源开发及利用状况

1.1 稀土资源及其应用

1.1.1 稀土元素介绍

稀土是门捷列夫元素周期表中第三副族中原子序数从57到71的15个镧系元素和另外两个与其电子结构和化学性质相近的钪、钇元素，共17个元素的简称。15个镧系元素包括镧、铈、镨、钕、钷、钐、铕、钆、铽、镝、钬、铒、铥、镱、镥。稀土元素具有独特的物理和化学性质，不仅被广泛应用于冶金机械、石油化工、玻璃陶瓷、农业、轻工、纺织等传统领域，而且日益广泛地应用于航空航天、电子信息、新材料、新能源、生物医药、高端装备制造等高新技术产业。

稀土元素因具有独特的光、电、磁及化学性能，被称为21世纪新材料的宝库。由于供应来源有限、全球市场容量小、代用程度低、军需程度高以及地缘政治风险等原因，被许多国家列为战略资源，在国民经济和现代科学领域得到重要应用。2006年美国国防部公布的35种高技术元素中，包括除钷以外的16种稀土元素，占全部高技术元素的45.7%，而日本科技厅选出的26种高级元素中，16种稀土元素包括在内，占61.5%。世界各国重视开展稀土功能材料的应用研究，几乎每3～5年就有一次稀土新材料应用的新突破。

1.1.2 稀土应用领域

稀土的应用领域，国内一般分为传统领域和新材料领域。稀土传统应用领域包括：

冶金/机械、石油/化工、玻璃/陶瓷、农业/轻工/纺织等。稀土新材料领域包括：稀土永磁材料、稀土发光材料、稀土抛光材料、稀土催化材料、稀土储氢材料等。

（1）稀土在传统领域中的应用

近年来，稀土在冶金/机械、石油/化工、玻璃/陶瓷、农业/轻工/纺织等传统领域中的用量，整体上呈稳步增长趋势，但是由于稀土在新材料领域中应用的快速增长，其应用比例呈快速下降趋势。

1）在冶金/机械领域中的应用

在冶金过程中用稀土金属或合金脱氧、脱硫，能起到净化和调质作用。用于稀土金属的高活泼性，能脱去金属液中的氧、硫等，能净化金属液，控制硫化物及其他化合物形态，起到变质、细化晶粒和强化基体等作用。因此，可利用混合稀土金属、稀土硅化物及稀土有色金属中间化合物等来炼制优质钢、有色金属及合金材料等。稀土加入各种铝合金或镁合金中，用以制造轮船引擎上的叶轮、飞机及汽车发动机和导弹上的部件；在铝锆合金加入适当的稀土可以提高电缆的抗拉强度和耐磨性，而不降低其导电性。

2）在石油/化工领域中的应用

石油化工中稀土主要用于裂化催化（FCC）领域，用来提高催化剂的活性和稳定性，提高原料油裂化转化率，增加汽油和柴油的产率。我国约 80%的成品汽油和 35%的成品柴油均产自裂化催化装置。稀土助剂应用于石油催化裂化催化剂中，可显著改善催化剂的活性和结构稳定性，提高汽油产率和燃烧质量，改善催化剂的硫转移活性，从而减少石油催化裂化过程中二氧化硫的排放，降低燃油中的硫含量。此外，稀土催化剂在甲烷化工、合成气化工、甲醇化工等行业具有重要应用。

3）在玻璃/陶瓷领域中的应用

稀土玻璃主要是指含有稀土氧化物的硼酸盐和硅酸盐系统的光学玻璃。光学玻璃要求高度透明、均匀、高折射率、无色散，稀土元素（镧、钆、钇等元素）对玻璃的光学特性会产生很大的影响，因而稀土元素在光学玻璃中不可或缺。随着稀土应用研究的不断深入，应用范围日益扩大。除稀土光学玻璃之外，稀土另外在着色感光玻璃、光敏微晶玻璃、旋光玻璃、光致变色玻璃、红外玻璃、有色玻璃、防辐射及耐辐射玻璃等多种新型光功能玻璃中都起着十分重要的应用。

陶瓷材料一般分为传统陶瓷和精细陶瓷，精细陶瓷是高纯度天然无机物或人工合成的无机化合物，具有其他材料通常不能达到的某些特殊功能。将稀土元素添加于陶瓷材料中，能使其特性大幅度改善。精细陶瓷可分为结构陶瓷和功能陶瓷两大类，稀土结构陶瓷主要是在大规模集成电路、高温燃气机，陶瓷发动机和高温轴承等高技术应用的结构材料；稀土功能陶瓷主要应用于陶瓷电容器、导电陶瓷、电光陶瓷、可变电阻、燃料电池、光纤通信器材、传感器、护目镜、微波滤波器、谐振器等。

4）在农业/轻工/纺织领域中的应用

目前稀土在农业中的应用有农用产品、饲料等。稀土在轻工及纺织中的应用有合成树脂、橡胶催化剂、纤维助染剂、塑料热稳定剂、加工改性剂、成核剂、转光剂等。

（2）稀土在新材料领域中的应用

近年来，由于低碳经济的快速发展，稀土在新材料领域的发展及应用增长十分迅速，应用量所占比重迅速提高。

1）稀土永磁材料

自被发现的 30 年以来，钕铁硼一直是当今世界上磁性最强的永磁材料。由于制备方法不同（或用途不同），钕铁硼材料主要分为烧结钕铁硼磁体和黏结钕铁硼磁体两大类。我国经过近 30 年的发展，钕铁硼产量已经由最初的年产十几吨，发展到 2012 年毛坯产量 7.0 万 t，占全球总产量（8.72 万 t）的 80.3%。

钕铁硼永磁材料已经广泛应用于电子信息、汽车工业、医疗设备、能源交通等众多领域。钕铁硼材料是支撑整个绿色能源等战略性新兴产业的核心材料，对建立完整的低碳减排绿色产业链具有长远的战略意义。未来随着各国对新能源和节能环保项目的大力推动，稀土永磁在风电和电动汽车的用量还在持续增长，因此未来稀土在永磁方面的应用有很大的发展空间。

2）稀土发光材料

稀土发光材料（荧光粉）是高清显示和节能照明等器件的关键支撑材料之一。节能照明领域目前主要包括三基色节能灯照明、半导体照明（发光二极管，即 LED）以及金卤灯照明，显示领域主要包括液晶显示（LCD）和等离子平板显示（PDP）。从目前我国的应用领域及消费结构看，约 90%的稀土发光材料需求来自于节能照明和高清显示行业。

3）稀土储氢材料

镍氢电池具有环境友好、快速充放电、低成本、宽温区（−40～70℃）使用的良好特性，且在快速充放电过程中性能相对稳定，在抗震、防水防热、无毒害物质产生方面具有更高安全性，势必在今后的市场中发挥越来越大的作用。

全球 95%以上的镍氢电池产自中国和日本，其中中国储氢合金产量超过全球总产量的 70%。稀土储氢合金目前主要用在镍氢小型电池和镍氢动力电池领域。近年来，在混合动力汽车的快速发展拉动下，稀土储氢材料产量稳步增长。

现有混合动力车（HEV）电池 90%以上的市场份额为镍氢动力电池，前三大 HEV 制造商分别为丰田、本田和现代，三者占据全球市场份额的 90%以上。2012 年 3 月，丰田在中国启动云动计划，加速在中国的事业步伐。在今后的 5～10 年镍氢电池仍是电动汽车用电池的主流，将会以每年 10%左右的速度增长。

4）稀土催化材料

稀土催化剂在石油化工、机动车尾气净化、催化燃烧、脱硫脱硝、稀土聚合催化以及燃料电池（主要是固体氧化物燃料电池）等具有重要应用。

稀土催化材料的主要作用：①提高催化剂储氧能力；②提高活性金属的分散度，改善活性金属颗粒界面的催化活性；③提高催化材料的热稳定性；④促进水气转化和蒸汽重整反应；⑤提高晶格氧的活动能力；⑥提高催化材料的抗污染能力；⑦稀土易与多种有机、无机官能团形成多价态、多配位数的稀土配合物。

稀土催化剂在机动车尾气净化中的应用增长迅速。近 10 年来，已在全球商业化应用的机动车尾气催化剂产品主要包括汽油车及摩托车用三元催化剂（TWC）、柴油车氧化催化剂（DOC）、柴油颗粒捕集器（DPF）及选择性催化还原催化剂（SCR）、压缩天然气（CNG）、车用尾气净化催化剂（DOC）。据 BASF 公司 2011 年的统计，2010 年机动车催化剂的销售总额达 37 亿欧元。从产品种类看，轻型车催化剂占 80%以上，重型柴油车占 14%左右，其余为摩托车催化剂，而从增长趋势看，重型柴油车催化剂的占比会逐渐增大，而轻型车会相对增长缓慢。

5）稀土抛光材料

随着我国稀土抛光粉应用市场的发展成熟和生产企业的技术进步，不同应用领域对稀土抛光粉性能指标的要求明显分化，根据不同的质量要求和价格承受力，稀土抛光粉行业将细分为玻璃饰品、触控玻璃、液晶显示玻璃和光学玻璃等几个细分领域。

稀土新材料种类繁多，用途广泛，除以上几类稀土新材料外，还有稀土超磁致伸缩材料、磁致冷材料、稀土磁光储存材料、稀土微波材料、巨磁阻材料、稀土发热材料等。随着科技进步和研究的深入，未来稀土新材料将会不断涌现。

1.1.3　稀土产业链分析

稀土产品包括稀土原材料产品、稀土冶炼加工产品、稀土功能性产品。稀土原材料产品，即稀土采、选产品，包括稀土原矿、稀土精矿、碳酸稀土和氯化稀土等稀土混合物产品。稀土冶炼加工产品指在稀土原材料产品基础上经过分离或进一步加工得到的稀土产品，一般包括单一稀土氧化物、混合稀土氧化物、稀土金属及合金等。稀土功能性产品包括各种功能材料、助剂等，如稀土磁性材料、稀土催化材料、稀土发光材料、稀土储氢材料、稀土抛光材料等，以及稀土高分子助剂及其他助剂等。

因此，根据以上分析，稀土产业链可表示如图 1-1 所示。一般来说，稀土只有经过冶炼分离变成稀土化合物、稀土氧化物、稀土金属或者合金才能用于合成功能性产品。因此，稀土资源开发过程应该包含稀土采、选、冶炼过程。本书所述的全国稀土资源开发生态破坏和环境污染调查，也主要是针对稀土采、选、冶炼过程。

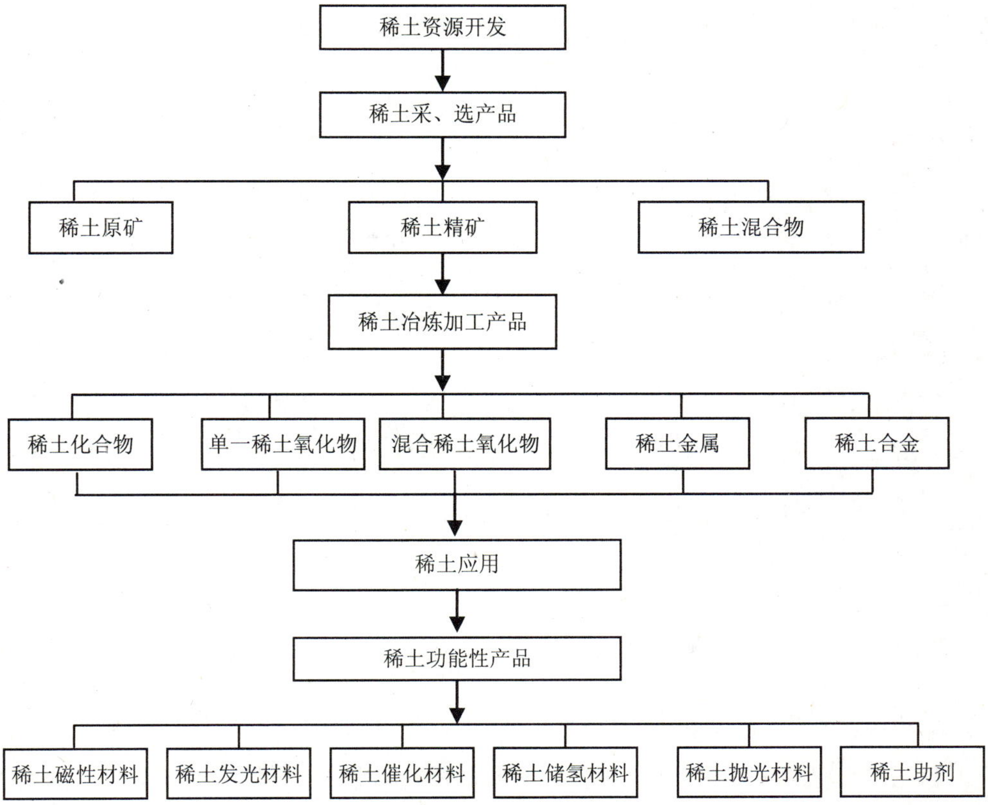

图 1-1　稀土资源开发的产业链

1.2 我国稀土资源概况与开发现状

1.2.1 我国稀土资源概况

世界上主要的稀土储藏国有中国、美国、印度、俄罗斯、澳大利亚等。我国是世界上稀土储量比较丰富的国家，根据 2012 年中国稀土学会年鉴报道，我国的稀土储量为 1 859 万 t；2012 年 6 月 20 日国务院新闻办公室发布的《中国的稀土状况与政策》白皮书中指出“中国的稀土储量约占世界总储量的 23%”。我国在世界上具有稀土资源储量、产量、销售量和使用量的四个第一，是世界上稀土资源大国和稀土主要供给国。

我国不仅稀土资源丰富，而且资源分布广，矿物种类齐全，特别是世界罕见的离子吸附型稀土矿，富含稀缺贵重的铕、铽、镝、铒、镥、钇等中重稀土元素，综合利用价值大。全国稀土矿探明储量的矿区有 238 处，分布于 22 个省区，主要分布在内蒙古白云鄂博、江西赣州、广东粤北、福建长汀、四川凉山和山东微山等地，具有北轻南重的分布特点。

我国稀土资源矿物类型和配分齐全，以区域稀土矿配分划分，典型的内蒙古白云鄂博、四川攀西、山东微山、江西寻乌矿属轻稀土，江西信丰型矿属中重稀土，江西龙南矿属重稀土。按矿物类型划分，可分为矿物型和风化型稀土资源。矿物型稀土资源以轻稀土为主，其中混合矿（氟碳铈矿和独居石）和单一的氟碳铈矿占 95%以上。而离子吸附型（风化壳淋积型）稀土是我国独有稀土矿床，具有分布广、储量大、配分齐全、中重稀土含量高、放射性低、提取工艺简单、生产成本低、产品质量好等特点。根据稀土元素配分特征，可分为轻稀土富铕型（江西寻乌矿）、中钇富铕型（江西信丰矿）、富钇重稀土矿（江西龙南矿）。目前，我国形成了内蒙古包头、四川冕宁和江西赣州三大生产基地。

1.2.2 我国稀土资源产业现状

稀土资源产业作为资源产业的重要组成部分，在国民经济中处于基础地位，提供着国家工业化、信息化所需的稀土原材料基础，促进国民经济原材料加工制造业的发展。自 20 世纪 70 年代末实行改革开放以来，我国稀土工业迅速发展，稀土开采、冶炼和应用技术研发取得较大进步，产业规模不断扩大。1986 年我国稀土的总商品量约 1.19 万 t，第一次超过了一直处于世界第一的美国（当年产量 1.10 万 t），跃居第一。到 2011 年，我国稀土冶炼产品产量为 9.69 万 t，占世界总产量的 90%以上。截至目前，全国已有 22 个省（区）先后发现一批稀土矿床，其中 98%的稀土资源主要分布在内蒙古、江西、广东、广西、四川、山东等地。

经过 50 多年的发展，我国建立了较完整的稀土产业链和工业体系，形成了三大基地和南北两大稀土生产体系。三大基地分别是：以内蒙古包头混合型稀土为原料的北方稀土生产基地；以江西等南方 7 省的离子型稀土矿为原料的中重稀土生产基地；以四川冕宁地区氟碳铈为原料的氟碳铈矿生产基地。轻重两大体系：一是以轻稀土为主的北方工艺体系，主要产品有：稀土精矿、稀土合金、混合稀土化合物、富集物和金属、各种单一稀土化合物以及稀土抛光粉、永磁材料、储氢合金等外延产品；二是以中重稀土为主的南方工艺体系，主要产品是各种高纯单一稀土化合物和金属、富集物、混合金属和合金。

目前，我国稀土产业具有完整的采选、冶炼、分离技术以及装备制造、材料加工和引用工业体系，可以生产 400 多个品种、1 000 多个规格的稀土产品，逐步成为世界稀土生产、出口和消费的第一大国。稀土市场环境逐步完善，通过推进稀土行业改革已形成投资主体多元、企业自主决策、价格供求决定的稀土市场体系。稀土市场秩序也逐步完善，通过企业间的兼并重组逐步推进，稀土行业“小、散、乱”的局面得到了初步改观。同时，经过多年发展，我国已建立起较为完整的研发体系，在稀土采选、冶炼、分离等领域开发了多项具有国际先进水平的技术。稀土新材料产业也稳步发展，实现了稀土永磁材料、发光材料、储氢材料、催化材料等新材料的产业化，为改造提升传统产业和发展战略性新兴产业提供了支持。

但是我国稀土资源产业发展也面临一些问题：①行业集中度低，产业结构升级缓慢；②稀土资源利用率较低；③开采方式粗放，环境破坏严重；④价格严重背离价值；⑤产销结构矛盾尖锐，稀土各元素利用不平衡；⑥稀土政策亟待完善。

1.2.3　我国稀土资源开采现状

我国是世界上第一大稀土开采国。开采的稀土矿主要有三种类型：包头轻稀土矿，江西、广东、广西、湖南、福建等省（区）的离子型中重稀土矿，以及四川省、山东省的氟碳铈轻稀土矿。2002—2009 年，我国稀土矿开采量呈上升趋势。2002 年，我国稀土开采量（REO①）为 88 400 t，其中，包头矿为 55 400 t，离子型稀土矿为 20 000 t，氟碳铈矿为 13 000 t。2009 年，我国稀土开采量为 129 450 t，其中，包头矿为 65 000 t，离子型稀土矿为 32 695 t，氟碳铈矿为 31 710 t。2010 年，我国稀土开采量下降到 89 259 t，2011 年为 84 943 t。

我国稀土开采企业主要分布在江西、广东等地区。根据污染源普查数据，2007 年，我国稀土开采企业共 100 个采矿点，其中，江西赣州有 65 个采矿点。根据污染源动态更新数据可知，2010 年，我国稀土开采点共有 28 个，江西赣州有 10 个采矿点。2011 年有 40 个采矿点，2012 年有 30 个采矿点。我国稀土冶炼企业主要分布在江西和内蒙古。2007 年共有 261 个稀土冶炼企业，其中，江西有 81 个冶炼企业，内蒙古有 65 个冶炼企业。2010 年冶炼企业下降到 128 个（其中，江西有 41 个），2011 年为 127 个，2012 年为 103 个。

1.2.4 我国稀土主要产品及产量

1.2.4.1 主要稀土矿产品及产量

我国稀土精矿产品主要来源于内蒙古包头的混合型稀土矿（品位 REO≥50%和 REO 30%～40%）、四川和山东的氟碳铈矿（品位 REO≥50%及 REO 30%～40%）以及南方离子型稀土矿（品位 REO≥92%），其他矿产量很少。从 2002 年开始基本上全部来源于这三类矿，而且氟碳铈矿主要来自四川，形成了内蒙古包头、四川冕宁、南方离子型稀土矿三足鼎立、优势互补的格局。我国主要稀土矿产品及用途见表 1-1。1985—2012 年，我国稀土矿产品产量变化见图 1-2。从图上可以看出，2006 年以前我国合法矿山的稀土矿产品产量基本处于上升趋势，2006 年以后产量开始下降，这可能与我国于 2006 年开始实施的稀土开采总量控制指标有关。我国稀土矿产品构成变化如图 1-3 所示。从图 1-3 可以看出，2002—2012 年混合型稀土矿产量变化不大，离子吸附型稀土矿呈现先增加后减少的趋势，氟碳铈矿呈现先增加然后维持的变化趋势。

① REO 是 rare earth oxides 的缩写，指稀土元素氧化物。

表 1-1　我国主要稀土矿产品及用途

产品名称/标准	规格/%	主要用途
氟碳铈矿—独居石混合精矿 XB/T 102—2007	REO≥60；REO≥55 REO≥50；REO≥45 REO≥40；REO≥35 REO≥30	用于提取稀土化合物以及冶炼稀土合金等用
氟碳铈镧矿精矿 XB/T 103—1995	REO≥68；REO≥63 REO≥60；REO≥55 REO≥50；REO≥45 REO≥40；REO≥35 REO≥30	用于经选矿所得的氟碳铈镧矿精矿，供冶炼稀土合金，制取稀土化合物、抛光粉、澄清剂等用
离子型稀土矿 GB/T 20169—2006	REO≥92	用于分组稀土氧化物或分离单一稀土化合物的原料

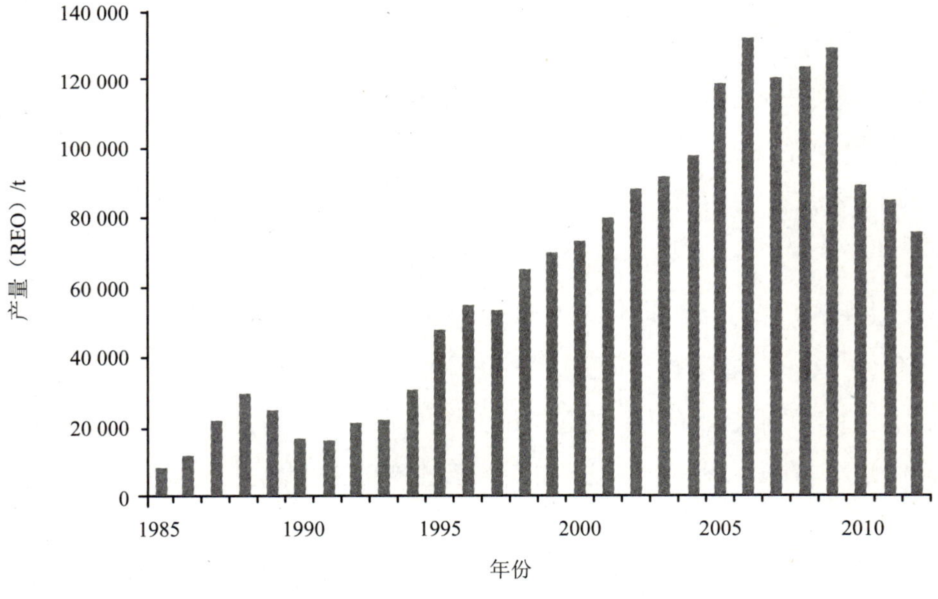

图 1-2　1985—2012 年我国稀土矿产品产量

资料来源：中国稀土学会年鉴。

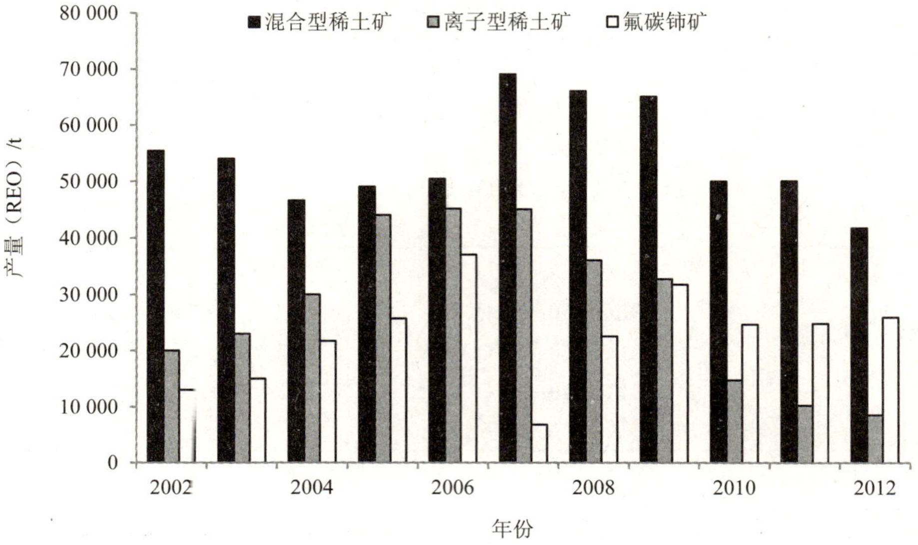

图 1-3　2002—2012 年我国稀土矿产品构成

1.2.4.2　主要稀土冶炼产品及产量

根据我国稀土资源特点以及市场需求，我国已形成以包头混合型稀土矿、四川氟碳铈矿以及南方离子型稀土矿为原料的三大稀土冶炼分离生产基地。

1）以包头混合型稀土精矿为原料，在包头、甘肃形成了北方轻稀土生产基地，主要生产镧、铈、镨、钕、钐、铕、钆等单一或混合稀土化合物及金属。原有冶炼企业 40 多家，处理包头精矿能力合计超过 18 万 t，分离稀土能力为 8 万 t。2011 年以来，通过兼并重组、关停并转，包头稀土冶炼分离企业基本进入包钢稀土集团，包头地区稀土产业集中度显著提高，骨干企业有内蒙古包钢稀土（集团）高科技股份有限公司及其子公司包头华美稀土高科有限公司、内蒙古包钢和发稀土有限公司以及甘肃稀土集团有限责任公司等。

2）以四川冕宁氟碳铈矿为原料，在四川冕宁、乐山形成了氟碳铈矿冶炼分离产业基地，主要生产以镧、铈、钕、镨（镨钕）、铈富集物为主的单一或混合稀土化合物。现有湿法冶炼企业 20 余家，总分离能力 3 万 t 以上。骨干企业有四川江铜有限责任公司、四川乐山盛和稀土科技有限公司、四川冕宁方兴稀土有限公司等。

3）以南方离子吸附型稀土矿为原料，在江西赣州、江苏、广东、广西、福建形成了中重稀土冶炼分离产业基地，主要生产镧、铈、镨、钕、钐、铕、钆、铽、镝、钇等各种单一高纯稀土氧化物或富集物、稀土金属及合金等。现有分离企业 30 多家，主要集中在江苏、江西、广东、广西、福建等省（区），其中年生产能力超过 2 000 t 的有 10 余家，离子矿的总分离能力已达到 6 万 t 以上。骨干企业有中国五矿（赣州）稀土、中铝稀土（江苏）有限公司、赣州稀土集团有限公司、广晟有色金属有限公司、厦门钨业有限公司、中国稀有稀土集团、中国有色集团（广东珠江稀土有限公司）、中国稀土控股有限公司（宜兴新威）、江阴加华新材料资源有限公司、溧阳罗地亚稀土新材料有限公司等。

4）独居石稀土矿冶炼分离。自 19 世纪末稀土工业萌芽阶段，独居石就是稀土工业的重要原料，在工业生产中，仅用浓硫酸分解与烧碱液分解两种工艺。

国内最早采用独居石进行稀土和钍生产的厂家是上海跃龙化工厂，之后有桃江稀土冶炼厂、珠江稀土冶炼厂、广东阳江稀土厂，由于放射性废渣处理和防护问题，均已停产。目前，国内独居石生产主要集中在湖南省，年处理能力超过 3 万 t，企业的年处理规模最大 5 000 t，国内现有独居石生产企业在放射性防护管理水平方面均难达到要求。2011 年，国内独居石的处理量估计 2 万 t 以上。

国内稀土冶炼分离产品可分为稀土盐类、单一稀土氧化物及稀土金属与合金三大类。1985—2012 年我国稀土冶炼分离产品年产量如图 1-4 所示。从图可以看出，1985—2006 年，我国合法企业的稀土冶炼分离产品产量持续上涨，2007 年以后开始下降。

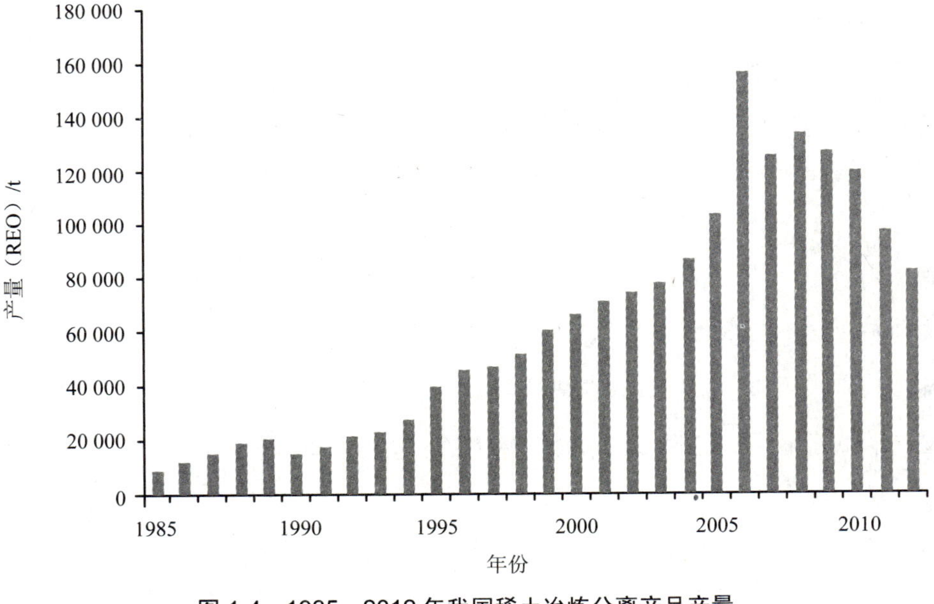

图 1-4　1985—2012 年我国稀土冶炼分离产品产量

资料来源：中国稀土学会年鉴。

（1）稀土盐类

稀土盐类主要包括碳酸稀土、氯化稀土、氟化稀土、硝酸稀土以及其他稀土盐类。2000—2011 年我国稀土盐类产品产量见表 1-2。

表 1-2　我国稀土盐类产品产量（REO）　　单位：t

年份	2000	2001	2002	2003	2004	2005	2006	2007	2008	2009	2010	2011
碳酸稀土	16 673	18 339	20 007	—	3 800	5 548	4 846	3 908	4 744	4 911	4 031	3 524
氯化稀土	15 089	16 296	18 107	—	9 800	4 626	4 846	6 108	5 899	5 301	3 528	2 452

资料来源：《稀土信息》中各年度稀土年评。

碳酸稀土的品种主要有碳酸轻稀土、少钕碳酸稀土、富铈碳酸稀土、富镧碳酸稀土和碳酸镧、碳酸铈、低氯根碳酸铈、碳酸镨和碳酸钕等产品，稀土含量（REO）一般为 45%左右，部分产品高于 50%。生产厂家主要集中在包头地区，包括包头华美稀土高科有限公司、内蒙古包钢和发稀土有限责任公司、包头市金蒙稀土有限责任公司、包头市红天宇稀土厂和甘肃稀土集团有限责任公司。

氯化稀土产品是稀土盐类的主要品种，在整个稀土产品中占有较重要的位置。目前，我国生产氯化稀土的原料有氟碳铈矿精矿和混合稀土精矿。主要生产工艺为硫酸焙烧法、烧碱分解法和氧化焙烧法。我国氯化稀土产品年生产能力（REO）约为 7 万 t，年产量约 3.5 万 t。混合氯化稀土生产厂家主要集中在包头和四川地区。据统计，我国生产的混合氯化稀土有 10 多种，产品规格约有 15 个。包括混合氯化稀土、富铈氯化稀土、富镧氯化稀土、少铕氯化稀土、少钕氯化稀土、中铈氯化稀土等，稀土含量（REO）一般为 45%左右。氯化稀土主要用于单一稀土化合物制取石油裂化催化剂、混合稀土金属及多组分稀土富集物的原料，也用于化工、轻纺、农业等领域。

其他无机稀土盐类包括稀土氟化物、稀土硝酸盐等，其中氟化稀土以稀土氧化物或氯化稀土溶液为原料，采用气体氟化法或化学法制备。氟化镧、氟化铈用于发光材料及晶体材料，氟化镨、氟化钕、氟化镝、氟化钇主要用于制备稀土金属。

（2）单一稀土氧化物

单一稀土氧化物一般以混合稀土溶液经过溶剂萃取分离制备，稀土相对纯度为 2N～4N，镧和钇达到 5N，氧化铕一般采用还原萃取法制备，主要用于制备稀土发光材料，纯度为 4N～5N，高纯氧化钬、氧化铒、氧化铥、氧化镱、氧化镥等一般采用溶剂萃取法或离子交换法制备，其他 5N 以上高纯稀土氧化物采用离子交换法或萃取色层法制备。2000—2011 年我国单一稀土氧化物产品的产量见表 1-3。

表 1-3　我国主要单一稀土氧化物产品的产量（REO）　　单位：t

年份	氧化镧	氧化铈	氧化镨	氧化钕	氧化镨钕	氧化钐	氧化铕	氧化钆	氧化铽	氧化镝	氧化铒	氧化钇	总计	占总量/%
2002	5 832	7 425	1 143	9 000		372	187	135	96	438	147	4 013	28 788	38.4
2004	8 400	9 630	350	2 200		922	208	170	69	120	180	5 200	27 449	31.7
2005	18 750	15 580	2 470	2 096		739	342	683	388	128	967	5 591	47 734	45.9
2006	19 730	22 579	2 297	11 343	6 918	1 586	368	4 625	607	2 311	954	9 027	82 345	52.5
2007	16 546	19 034	2 781	10 042	6 787	1 580	845	1 700	486	2 539	905	8 705	71 950	57.1
2008	15 057	11 178	3 460	15 900	1 236	4 697	792	1 279	478	2 182	598	18 737	75 594	56.1
2009	16 952	19 020	3 101	11 223	5 986	1 902	759	1 574	489	1 924	969	8 381	72 280	56.8
2010	17 674	20 839	2 487	10 743	5 495	1 457	754	1 159	429	1 712	791	7 725	71 265	59.9
2011	13 188	19 577	1 354	7 745	5 941	821	612	1 077	190	742	658	5 258	57 163	59.0

资料来源：《稀土信息》中各年度稀土年评。

（3）稀土金属与合金

稀土金属与合金起初主要应用于冶金和机械制造行业。多年来，我国稀土金属产业依托资源和成本优势，不断提升制备技术和产品质量。随着近年稀土应用需求增长，我国稀土金属产业发展迅猛，产量快速增加，我国稀土金属和合金产品占世界市场的 80%以上。

1）稀土金属。单一稀土金属产品广泛地用于制备钕铁硼、磁致伸缩材料、磁光盘等多种新型功能材料。经过多年的单一稀土金属制备工艺研究，我国已经拥有多条专门从事单一稀土金属及其深加工生产线，拥有多项自行开发的先进技术和设备，是世界最大的稀土金属生产基地，可提供稀土相对纯度 99%～99.99%规格的单一稀土金属产品，主要产品为金属镝、钇、镱、钐、铽和高纯镝、铽等。产品质量纯度高、杂质含量低、性能好，达到国际先进水平。

单一稀土金属主要有除钷以外的 16 种单一及高纯稀土金属共 30 多种不同规格的产品。2002—2011 年我国主要单一稀土金属产品的产量见表 1-4。

表 1-4　我国主要单一稀土金属产品的产量（REO）　单位：t

年份	金属镧	金属镨	金属钕	金属镨钕	金属钐	金属钺	金属镝	合计
2002	330	206	3 000	—	30	—	191	3 757
2004	380	—	3 900	—	350		780	5 410
2005	1 184		6 980	8 242	184	47	62	16 699
2006	2 034		7 032	14 502	489	45	1 280	25 382
2007	2 645		9 523	9 970	270	26	16	22 450
2008	3 808		7 020	12 530	383	39	31	23 811
2009	2 820		7 730	12 675	281	37	30	23 573
2010	3 044		7 355	11 179	300	31	28	21 937
2011	3 220		4 913	8 630	258	83	50	17 154

资料来源：《稀土信息》中各年度稀土年评。

混合稀土金属主要有电池级混合稀土金属、富镧混合稀土金属、富铈混合稀土金属、富钕混合稀土金属、低铈混合稀土金属等品种。2000—2009 年我国混合稀土金属产品产量见表 1-5。

表 1-5　我国混合稀土金属产品的产量　（REO）　单位：t

年份	2000	2001	2002	2004	2005	2006	2007	2008	2009	2010	2011
混合稀土金属	5 626	6 389	6 751	13 200	7 213	9 166	5 275	4 697	5 092	4 255	4 144

资料来源：《稀土信息》中各年度稀土年评。

2）稀土合金。稀土合金目前广泛应用于钢铁、有色、机械制造和军事工业等部门，产品主要有稀土硅铁合金、稀土镁硅铁合金、稀土钙硅铁合金、稀土锰镁铁合金、稀土钙镁硅铁合金、稀土铜镁硅铁合金、稀土锌镁硅铁合金、重稀土硅铁合金等中间合金。稀土硅铁合金主要采用硅热法、碳热法制备。

第2章 资源开发生态环境成本核算研究进展

2.1 资源与环境经济核算研究进展

2.1.1 国外研究进展

（1）SEEA 核算体系

环境与经济综合核算体系（SEEA）是在国民经济核算体系（SNA）中心框架基础上，由联合国邀请相关领域的专家经过多年努力而研制的绿色国民经济核算体系。SEEA 在 1993 年出版后，经过系统修订后，推出了 SEEA2003。SEEA2003 共有 4 类账户组成，分别为实物型和混合型流量账户、与环境交易相关的经济账户、以实物单位和价值单位测度的环境资产账户和 SNA 总量调整，实物型账户是与经济活动相关的纯物质流环境账户，包含大量关于各类产业对环境影响信息，混合流账户主要考虑与实物及货币相关的数据，用于分析物质流统计中任何原材料（或能源）的输入，或者废弃物（或能源）的输出；与环境交易相关的经济账户其实是指测算环境保护和管理活动的成本与效益，主要包括污染控制设备投资，自然资源管理费用以及环境税收；环境资产账户将自然资本分为自然资源、土地和生态系统，显示了各类自然资源初期、期末总量以及在此核算期间内的有关变化，并对资源存量进行估价；第四类账户是对 SNA 总量进行调整，调整内容包括有关自然资本耗减调整、与环境有关的防御支出调整和有关自然资本退化的调整（图 2-1）。

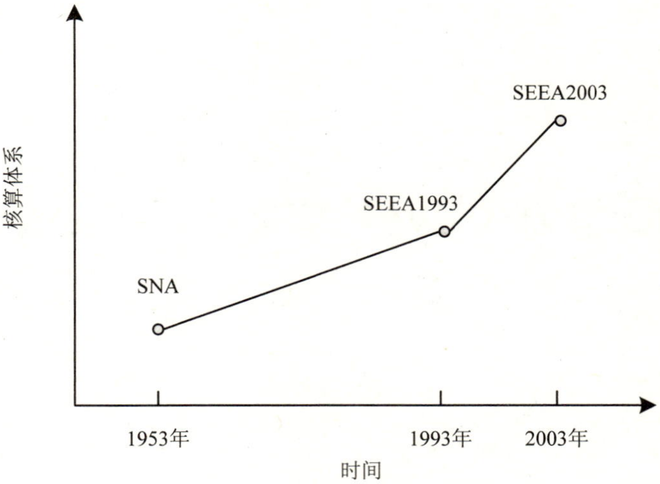

图 2-1 SEEA 核算体系发展历程

SEEA 对现存交易进行重新分类来达到防御支出的对称核算，即将所有修理和维护都记录为总资本形成的组成部分，而把其他形式下会作为经常修理的部分按照固定资本消耗处理，这样可以保证政府与各产业环保支出得以对称处理。SEEA2003 主要采用两种方法对环境退化价值进行核算：基于成本的价值评估方法（cost-based valuation methods）和基于损失的价值评估方法（damage-based valuation methods）。基于成本的价值评估方法包括避免成本法和恢复成本法，分别是指污染发生之前用于防护发生的费用和污染发生后恢复原状需支付的费用，避免成本法又包含结构调整和消除污染两个途径，见表 2-1。基于损失的价值评估是从环境功能退化对人们生产生活造成损害的角度来评价环境污染损失，一般采用“影响途径”（impact pathway）方法，具体步骤为：残余物实物量统计—建立残余物与污染物浓度之间的实物传播模型—明确影响环境的污染物浓度（暴露-反应函数）—确定损失实物量—评估技术货币化污染损失。基于损失的评估技术方法包括暴露偏好定价法（revealed preferences）与陈述偏好定价法（stated preferences），暴露偏好定价法可分为市场定价法、旅行费用法以及特征价分析法，陈述偏好定价法可分为条件价值评估法和联合分析法。

SEEA2003 为国民经济核算提供了一个完整的综合环境核算体系，但目前大多数国家统计部门并没有对此系统进行广泛应用，SEEA 体系中仍存在诸多问题。如 Peter Bartelmus（2007）提出 SEEA2003 未形成环境退化价值的模型化研究，实物量核算统计趋向以及对应的污染损失量未达到可持续发展目标；Hans Werner Holub 等（1999）和 B.H.Walker、

L.Pearson 等（2007）认为 SEEA 核算体系没有解决与生态环境相关的关键问题，也有部分学者对实物量账户统计数据的真实性产生质疑，他们认为数据的可得性直接影响核算结果，从而可能导致环境政策的错误制定与实施。对于大部分国家，SEEA2003 的价值不在于全面应用，而是提供一个完整连贯的环境经济核算体系，各国可通过自己的需要从中选取所需的部分。

表 2-1　基于成本和损失的环境价值评估方法分类

基于成本的环境价值评估方法	
1. 避免成本法	
结构调整成本	减少活动或完全节制
	改变生产和消费模式
消除污染成本	在获得同样产出的条件下，替代投入或改变工艺
	处理成本（treatment costs）
2. 恢复成本法	
基于损失的环境价值评估方法	
1. 显露偏好定价法	
市场定价法	
旅行费用法	
特征价分析法	
2. 陈述偏好定价法	
条件价值评估法	
联合分析法	

资料来源：SEEA2003。

（2）其他核算体系

除 SEEA 之外，目前国际主流的绿色国民经济核算体系还包括 NAMEA、SERIEE、ENRAP 和 GSR 等。NAMEA（National Accounting Matrix including Environmental Accounts）为 1993 年荷兰创建的环境经济核算系统，整体架构共计 12 组账户，第一账户至第十账户为一般的国民经济核算账户，两组与环境相关的账户分别为环境物质账户和环境主题账户，NAMEA 具有包括“进口”的污染物和“出口”的污染、以污染物排放和废物排放为重点、以实物型账户表示以及包含全球性环境问题的账户等特点。SERIEE（European System for the Collection of Economic Information on the Environment）是欧洲统计局开发的绿色国民经济核算系统，是以经济统计及环境统计为基础建构了五组模型及一个居中的资料收集与处理系统，包括环境保护支出账户、自然资源使用及管理账户、环境产业记录系统、特征活动投入产出分析即物质流账户，但目前 SERIEE 尚未建立完整的环境保护账户体系，在框架上仅限于与 SNA 中有关的资产和流量信息。1990 年美国援外总署试行 ENRAP（Environmental and Natural Resources Accounting Project），ENRAP 编制框架与 SEEA 类似，采用了符合经济学理论的方法来计算自然资源损耗及环境污染损害，ENRAP 与其他环境核算体系的明显区别在于其测算所有环境服务项目的货币价值，但目前尚未取得令人满意的成果，因此部分数据仍以实物量形式表现。1995 年，世界银行颁布了衡量国家（地区）财富的新标准，即把当地的自然资本也加进去综合平衡，来衡量一个国家或地区财富的新增长。同时，在《监测环境进展》中提出真实储蓄率（GSR）的估算方法，即考虑了自然资源的枯竭和环境污染的损害之后的一个国家的真实的储蓄率。

2.1.2 国内研究进展

2004 年，国家环保总局和国家统计局联合开展“综合环境与经济核算（绿色 GDP）”研究项目试点工作，以原环境保护部环境规划院为首的科研院所承担了这一研究项目。2006 年，原国家环保总局和国家统计局首次发布了《中国绿色国民经济核算研究报告 2004》，这也是国际上第一个由政府部门发布的绿色 GDP 核算报告。如图 2-2 所示，中国环境经济核算体系总体框架包括环境实物量核算、环境价值量核算、环境保护投入产出核算、经环境退化成本调整的绿色 GDP 核算等。其中，环境实物量核算表又由环境污染实物量核算表和生态破坏实物量核算表组成，同样，环境价值量核算表也包括环境污染价值量核算表和生态破坏价值量核算表。环境污染实物量核算与价值量核算分为各地区与各部门的核算，而生态破坏实物量核算与价值量核算分为各地区核算。

在我国环境经济核算体系中，环境实物量核算是运用实物单位建立不同层次的实物量账户，描述经济活动对应的各类污染物的产生量、去除量（处理量）、排放量，以及生态破坏量，实物量核算账户主要包括水污染、大气污染、固体废物、碳排放以及减排等五个子账户。环境价值量核算表是从治理成本法和污染损失法两种角度来对水污染价值、大气污染价值和固体废物污染价值进行核算，生态退化价值损失主要利用机会成本法、直接市场法、间接替代法、影子工程法等方法对森林、草地、湿地、矿产资源开发的生态环境损失价值进行核算。环境保护支出核算表包括工业污染源治理、城市环境

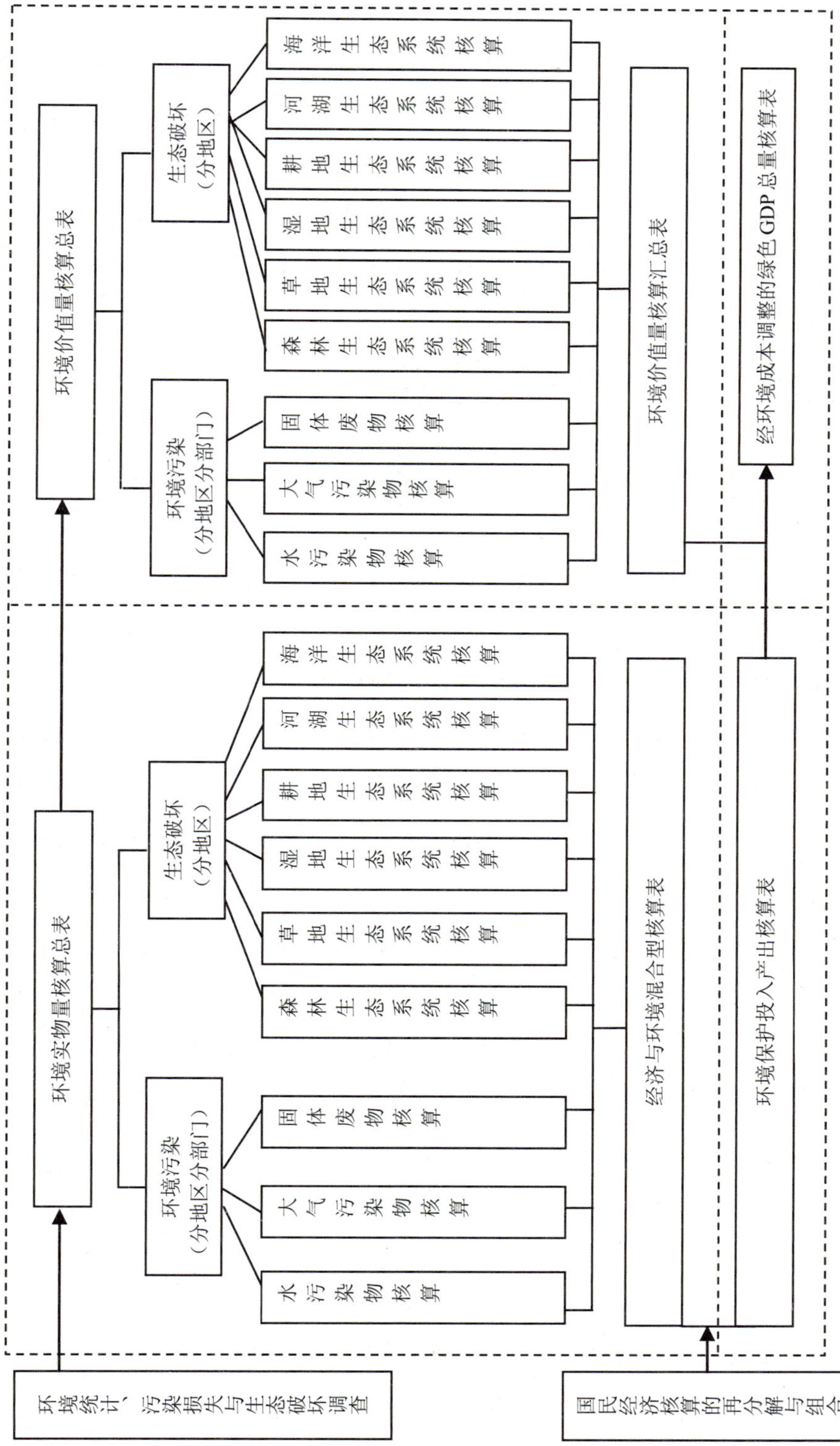

图 2-2　中国环境经济核算体系总体框架

建设直接相关的用于形成固定资产的资金投入、治理设施运行费用以及各级政府环境管理方面的支出。物质流核算账户是在经济系统的物质流核算分析（EW-MFA）基本物质平衡理论和系统边界定义的基础上，从物质循环、固体废物以及物质流衍生指标三个主要方面进行细分和补充拓展。

但是，由于环境保护部门与统计部门在发布方式和发布内容上的分歧，以及部分地方政府对公布结果的阻力，最终导致我国绿色 GDP 核算体系的公布陷入僵局。

2.2 行业资源与环境经济核算研究进展

2.2.1 国外研究进展

从 20 世纪 80 年代开始，国外学者对能源行业产生的环境外部成本进行广泛研究。Hohmeyer（1988）首次采用“自上而下”（top-down）方法系统性评估褐煤、无烟煤、天然气、风能等主要能源的外部成本，这种方法的缺点是分析方式过于简单，不能清晰阐述能源链条不同阶段的污染物特性。Bernow 和 Marron （1990）用控制污染成本替代环境损失成本，前提是假设处理污染物的边际成本等于边际损失，并要求环境监管部门规定的污染物排放标准符合这一假设。1991 年欧盟委员会启动发展能源外部成本计划（externE project），为探讨不同能源发电技术下产生的空气污染成本建立了 ExternE（extern cost of energy）模型，早期被用于发电厂不同发电技术下的外部成本研究，后被推广应用于交通领域。ExternE 模型采用的是“自下向上——影响途径分析法”（impact pathway analysis bottom-up approach），其基本步骤包括：①排放（emission），确定污染源源头及其相关能源燃料特征和污染物排放量；②扩散（dispersion），计算受影响范围内增加的污染物浓度；③影响（impact），运用剂量-反应函数评价污染造成的物理影响；④成本（cost），用货币量化环境影响。

随着研究的深入，ExternE（2005）公布改进的模型可以用于评估各类大气污染造成的经济损失，即不同发电技术下造成的环境与人类健康损失，煤炭燃烧环境外部成本为 5.8 欧元/（kW·h），天然气燃烧环境外部成本为 1.6 欧元/（kW·h）。Spadaro（1998）、Kuhn（1996，1998）、Krewitt（2002）、Hunt（2004）、Markandya（2003）、Longo（2006）、NewExt（2004）、Diptiranjan Mahapatra（2012）等基于 ExternE 模型展开了深入研究。其中，Krewitt

提到，尽管 ExternE 方法和结果存在很多不确定性，但仍可作为相关环境政策的决策依据。此外，日本的 LIME、JEPIX、MAC，荷兰的 Eco-indicator 99 和美国纽约的 Exmod 也常用于电力行业的环境损害成本研究。

国外对交通运输的环境外部成本研究较早，目前评估方法较为成熟，并在实践中得到了广泛应用。Wemer Rothengatter（1993）将交通运输的外部性进一步分层，一是运输与环境、人力资本等非再生资源相互作用产生的外部性，如环境污染、交通事故等；二是运输系统内部的相互作用而产生的外部性，如交通拥挤等；三是运输与政府、私人生产者和消费者相互作用而产生的外部性。M.Beuthe 等在论文《比利时城市网络间货物运输外部成本内部化的分析》中基于地理信息系统运用节点虚拟网络方法，模拟 1995 年比利时交通网络流，来估计货物运输的空气污染、交通拥挤、事故和基础设施磨损等外部成本，并提供了边际外部成本内部化模型选择的模拟效果，以及估计相应的外部成本节约。Sigurd Weinreich 等在其研究中运用自底向上法计算了运行于法兰克福—米兰路网上的公路、铁路和民航的外部成本，主要侧重的是城市道路的空气污染外部成本，其计算分为四个步骤：①空气污染排放量的估计；②污染物的扩散，浓度场计算；③通过建立暴露-剂量反应函数计算污染物影响；④影响的损害值计算。德国运输政策研究所（IWW）在研究报告《西欧地区运输外部成本——交通事故、环境污染和交通拥挤成本研究》中详细介绍了各种负外部成本的研究内容及货币化的计算方法。

2.2.2　国内研究进展

国外关于电力行业生成环境成本的研究是根据大量背景数据开发得到的，国内在这方面的相关研究比较少，但是也有少数学者借鉴国外研究方法对火电厂外部成本进行了研究。如张世秋等（1998）用 Exmod 模型对某燃煤电厂环境损失成本进行估算；魏学好、陆华、周浩（2003）根据我国污染物排放收费标准和美国环境价值标准核算火电发电企业环境成本；丁淑英、张清宇（2007）借鉴 ExternE 模型，根据污染物排放量和单位污染物环境成本，建立了火力发电外部成本计算模型。此外，孙可（2004）、方韬（2006）、郝文静（2005）根据火力发电行业自身特点，从不同角度计算了火电厂的环境成本。

随着矿山开采造成的环境污染与生态破坏日益突出，国内学者重点研究矿产资源开采生成的环境成本。赵玉霞和杨居荣（2007）将环境经济学引入复垦活动的分析和评价。卞正富、张国良（1996）参考国外复垦经济评价方法，将矿山土地复垦成本分为两类，

Ⅰ类成本是因土地复垦而使矿石成本增加的费用，Ⅱ类成本是土地恢复单位面积农产品产量需投入的费用，并首次提出复垦面积成本和经营投入的优化来核算Ⅱ类成本，赵玉霞和杨居荣（2007）选用市场价值法、机会分析法等评估了不同复垦模式经济与生态效益。于左、刘岩（2004）从治理与恢复的角度出发，从沉陷和矿区环境的综合治理两方面分析了抚顺矿务局产生的环境代价，重新定义资源枯竭型国有企业带给社会的利与弊。关凤峻、米建国、余振国（2006）同样采用治理成本法对矿产资源开发中的矿山生态环境恢复治理成进行了估算，将矿区生态环境恢复治理费用分为四部分，即清洁生产设施的运行、监测、维护和管理等环境污染治理费用，水土流失治理费用，水资源破坏的恢复费用，以及采煤塌陷区土地破坏治理费用。吴强（2008）认为矿产资源开发环境代价的内涵应包括"事前"避免或减少损失支出的防护费用、"事中"开采行为造成的环境污染和生态破坏经济损失，以及"事后"对已经破坏的生态环境进行恢复治理的成本，并以此构建了资源开发环境代价评估指标体系，主要采用了直接市场评价法、替代市场评价法估算了安太堡矿区的环境代价。党晋华、贾彩霞、徐涛、徐世柱（2007）以环境经济学的经济外部性理论为依据，通过识别采煤过程中的生态环境的外部不经济因素，应用环境价值评价法对这些因素进行货币化。张文丽、连璞（2008）通过对煤炭主产区山西生态耗损的实证研究，应用市场价值法与恢复费用法评价煤炭开采造成的生态破坏。此外，茅于轼、盛洪、杨富强等（2008）核算了我国煤炭开采、运输和利用过程中所造成的外部环境成本，但并未列出具体核算步骤，2014 年中国规划院与能源基金会共同发布《煤炭环境外部成本核算与内部化研究》，估算了煤炭行业全链产生的环境污染与生态破坏成本，并提出外部成本内部化政策建议。

对比国外在交通运输的环境外部成本研究，国内对交通行业环境外部成本的研究比较薄弱，尚未形成系统的交通运输外部性研究体系，尤其是关于外部成本的量化研究。叶维、真虹（2004）分析了水路运输的外部成本（环境污染、生态破坏、拥挤和交通事故），并阐述了外部成本内部化的必要性，提出了相关的政策建议。王凯（2007）分别从大气污染、噪声污染和交通事故方面采用替代市场法、间接方法等定量计算了城市轨道交通的外部成本，然后综合评价了城市轨道交通外部成本与其他运输方式的差距，提出了外部成本最小化的措施。邓欣、黄有光（2008）则着重讨论了与机动车有关的 5 种外部效应：空气污染、道路拥塞、噪声污染、交通事故以及钻石物品效应，并以北京市为例，用支付意愿法、人力资本法、享乐价格法和避免成本法计算了上述城市道路交通的外部成本。付建飞（2006）的研究借鉴欧盟国家交通运输外部成本成果研究了负外部性影响（交通事故、交通噪声和环境污染），铁道科学研究院的王亚飞（2006）根据国外计算结果换算得出我国各种运输方式的单位外部成本和总外部成本。2014 年环境保护部环境规划院利用排放比例法将交通污染源产生的人体健康损失从空气污染总健康损失中进行分离，核算得到交通源造成的空气污染健康损失已经占全部损失的一半以上。整体来看，大部分国内交通运输业的环境成本研究都是基于国外研究成果，缺乏科学性的系统研究。

第3章 稀土资源开发生态环境成本核算框架

3.1 核算目标

总体目标是结合国内外资源环境经济核算经验和稀土资源开发特征，建立稀土资源开发生态环境成本核算的总体框架，阐明核算基本思路，明确核算具体内容与方法，为我国稀土资源开发生态环境成本核算提供技术支撑。在这个总体目标基础上，可以分解为以下具体目标：

一是生态环境损失实物量核算体系构建。针对北方轻稀土和南方中重稀土在采、选、冶生产环节中产生的生态环境问题存在较大差异，按照环境核算体系框架的总体目标，分别研究南北方两类稀土资源开发实物量损失核算（包括环境污染损失实物量核算与生态破坏损失实物量核算）的方法与内容，设计环境实物量总体核算表，明确环境实物量核算的数据来源及相关要求。

二是生态环境损失价值量核算体系构建。针对北方轻稀土和南方中重稀土在采、选、冶生产环节中产生的生态环境问题存在较大差异，按照环境核算体系框架的总体目标，分别研究南北方两类稀土资源开发价值量损失核算（包括环境污染损失价值量核算与生态破坏损失价值量核算）的方法与内容，设计环境价值量总体核算表，明确环境价值量核算的数据来源及相关要求。

3.2　主要内容

3.2.1　核算框架

稀土资源开发生态环境成本核算框架包括生态环境损失实物量核算与生态环境损失价值量核算，生态环境损失实物量核算包括环境污染损失实物量核算与生态破坏损失实物量核算，生态环境损失价值量核算包括环境污染损失价值量核算与生态破坏损失价值量核算。总体核算框架见图 3-1。

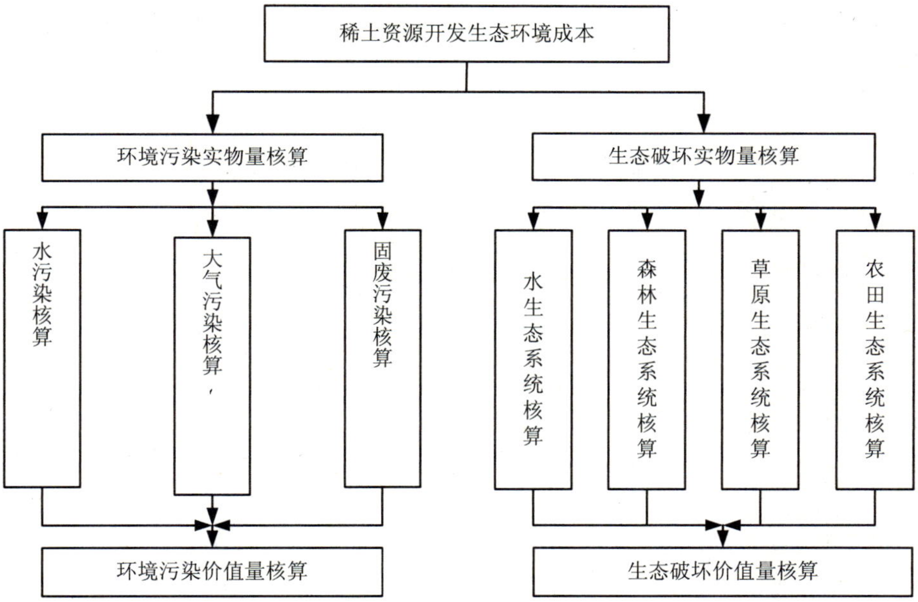

图 3-1　稀土资源开发生态环境成本核算总体框架

3.2.2　核算内容

从总体核算框架来看，稀土资源开发生态环境成本的具体核算内容主要包括四个部分。

（1）环境污染实物量核算

环境污染实物量核算包括水污染实物量、大气污染实物量以及固体废物污染实物量核算。

（2）生态破坏实物量核算

生态破坏实物量核算包括水生态系统、森林生态系统、草原生态系统以及农田生态系统实物量核算。

（3）环境污染价值量核算

环境污染价值量核算包括水污染价值量、大气污染价值量及固体废物污染价值量核算。

（4）生态破坏价值量核算

生态破坏价值量核算包括水生态系统、森林生态系统、草原生态系统以及农田生态系统价值量核算。

3.2.3　核算技术路线

稀土资源开发生态环境成本核算拟采用的技术路线见图 3-2，计算步骤分为三步：①环境污染与生态破坏实物量核算；②环境污染与生态破坏价值量核算，包括利用污染治理成本法计算虚拟污染治理成本和利用污染损失法计算环境退化成本；③经环境污染与生态破坏价值量得到稀土资源开发生态环境成本。

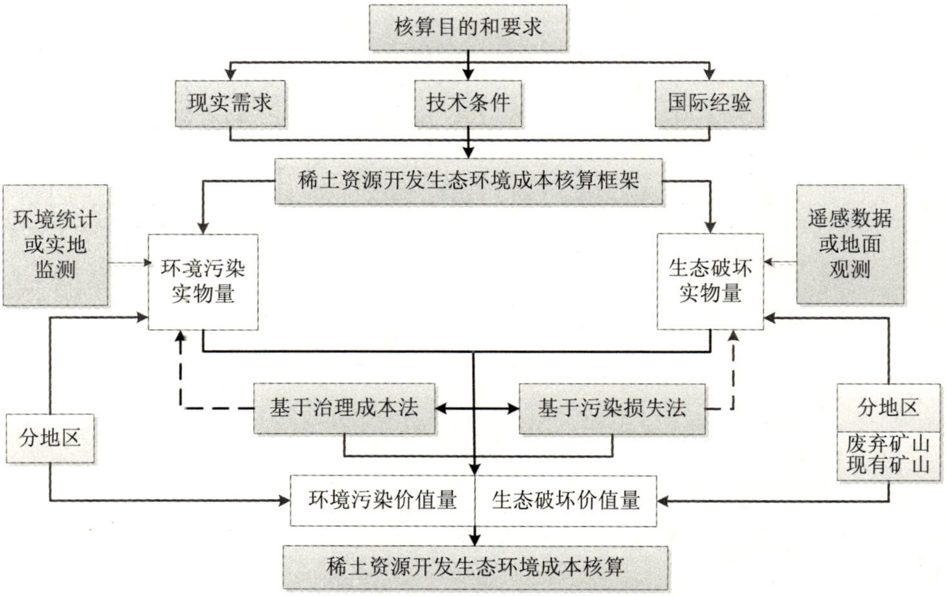

图 3-2　技术路线

3.3　核算方法

3.3.1　实物量核算

生态环境实物量的核算方法主要有：一是环境污染实物量，整理和统计地区/企业稀土资源开发的各类污染物产生量和排放量，数据来源于污染源普查、统计年鉴、现场调查等；二是生态破坏实物量，根据生态系统统计数据、遥感影像数据或地面实地观测等确定。

3.3.2　价值量核算

环境污染价值量核算，也就是核算环境污染成本。环境污染成本由污染治理成本和环境退化成本两部分组成，在这里环境退化成本等同于环境外部成本。环境外部成本的估价方法包括基于成本和基于损害两种方法：一是基于成本的估价方法，假设对污染物进行治理并使之消除，使环境“复原”到期初退化前的状态，以治理过程中需要的成本作为环境外部成本的估计值，即对虚拟治理成本的估算；二是基于损害的方法，经济活动排放污染物使环境发生退化，环境退化反过来又会对经济活动产生损害，即造成污染经济损失，假设环境没有退化，则不会发生这些损失。

3.3.2.1　治理成本法

基于成本的评估方法有避免成本法与恢复成本法，是从避免环境功能退化和恢复已被污染的环境功能两个不同的角度平均所需要投入的成本，作为环境功能退化的价值。避免成本法从结构调整和消除污染两个途径入手。基于成本的环境功能退化价值评价技术分类见表 3-1。

利用虚拟治理成本法计算环境外部成本，无法体现环境退化的真实成本，因为成本法的前提条件是假设治理污染的成本与污染排放造成的危害相等，忽视污染排放造成的污染损失，也无从体现环境污染治理效益。因此，采用虚拟成本法得到的环境外部成本的最低值，表明当前技术水平下的防治污染成本。虚拟治理成本法的计算方法如下：

$$C=\sum_{i=1}^{n}\bar{C}_iQ_i$$

式中，C —— 虚拟治理成本；

$\overline{C}_i$ —— 每种污染物的单位治理成本；

Q_i —— 每种污染物的排放量；

i —— 污染物的类别。

表 3-1　基于成本的评估技术分类

<table>
<tr><th>方法</th><th>特征</th><th colspan="2">途径</th><th>操作</th></tr>
<tr><td rowspan="4">避免成本法</td><td rowspan="4">残余物在进入环境之前予以消除</td><td rowspan="2">结构调整</td><td>减少活动或完全节制</td><td>建模模拟，预测效果以及所需成本</td></tr>
<tr><td>改变生产或消费模式</td><td>建模模拟，预测效果以及所需成本</td></tr>
<tr><td rowspan="2">消除污染</td><td>替代投入或改变工艺</td><td>微观层次建模，预测效果及成本</td></tr>
<tr><td>虚拟处理成本</td><td>模拟引起环境污染所排放的污染物进行处理，预测虚拟成本</td></tr>
<tr><td>恢复成本法</td><td>残余物在进入环境之后进行治理</td><td colspan="2">恢复功能</td><td>需要因地制宜，对具体问题具体分析，确定具体恢复方法，预测恢复已造成功能退化的环境需要成本</td></tr>
</table>

虚拟治理成本法的关键在于如何确定每种污染物的单位治理成本，现有的环境治理成本数据包含各类污染物处理费用，没有列出单项污染物的处理成本，而且处理工艺也不仅是只针对一项污染物进行处理，不同的处理技术可处理的污染物有很大差异，因此从统计数据中判断各类污染物的单位处理成本。目前获取污染物单位治理成本主要有两种方法：一是通过调查或实验来取得，通过调查企业消除污染物的数量和成本来计算污染物的单位治理成本，或者通过试验得到不同消除工艺对单位污染物需要的成本，2006年国家环保总局和国家统计局联合发布的《中国绿色国民经济核算研究报告 2004》中采用的就是调查的方法。二是根据污染物去除量和实际治理成本的环境统计数据，用模型公式估计出各种污染物的单位治理成本。现在可以确定污染物单位治理成本方法有叶寒栋等提出的污染物边际处理费用法、雷明和王德发的排污费标准表征法、杨金田的治理成本系数法，以及彭武珍修正后的治理成本系数法核算虚拟成本。

（1）污染物边际处理费用法

叶寒栋等在研究电力行业污染减排补偿中，采用大气污染物的社会平均边际削减成本作为单位污染物的价值。

首先，计算各套设备的总成本。每个设备每年削减总费用：

$$C = C_l + C_m$$

式中，C_l、C_m —— 分别指年平均化投资和年运营管理费用。

其次，计算社会平均边际削减成本。由于每种污染物的削减都要不同的技术设备，根据边际削减成本的定义，对于第 j 种污染物的同一种削减技术 i，它的边际削减成本可以通过不同规模的企业之间的数据计算得到，即可以采用所有厂家之间的年削减总费用之差和年削减量之差的比值的总平均。计算方法如下：

$$\mathrm{MEC}_{j,i} = \left[\frac{\mathrm{d}C}{\mathrm{d}S}\right]_{j,i} \cong \left[\frac{\Delta C}{\Delta S}\right]_{j,i}$$

假设有 n 个不同的企业采用技术 i 来削减污染物 j，则上式可表达如下：

$$\mathrm{MEC}_{j,l} = \frac{\sum_{l=1}^{n-1}\sum_{m=l+1}^{n}\frac{C_{j,i,l} - C_{j.i.m}}{S_{j,i,l} - S_{j,i,m}}}{n(n-1)/2}$$

再次，加权计算社会平均边际削减成本。通过每种技术的应用程度可以进行加权计算：

$$\mathrm{MEC}_j = \frac{\sum_i \mathrm{MEC}_{j,i} \cdot S_{j,i}}{\sum_i S_{j,i}}$$

最后，得到某一污染物的削减成本，即购买污染量的单价。

（2）排污费标准表征法

雷明和王德发等认为：在无法获得所有污染物的单位治理成本时，可以采用污染物排放收费标准来替代。但魏学好等认为，排污费标准低于环境价值标准，需要用一定的方法对排污费标准进行调整。现行的总量收费标准设计中引入了“污染当量”的概念，对收费依据归一化。因此可以推论：单项排污收费的补偿度基本上是相等的。即环境价值估算值公式如下：

$$V_e = F / \beta$$

式中，V_e—— 环境价值估算值，元/kg；

F—— 总量收费标准，元/kg；

β—— 污染损失的补偿度，%。

2004 年全国行业虚拟治理成本合计为 2 874.4 亿元，当年的排污收费为 500 亿元，仅占虚拟治理成本的 17%，即排污收费对环境污染的补偿度仅为 17%。在这里用 17%作为调节系数对排污收费标准进行调整。

（3）治理成本系数法

杨金田等引入处理设施效益的概念，计算各污染物的治理成本系数，进而达到核算各污染物虚拟治理成本的目的。某一污染物处理设施的第 i 种污染物的处理效益可表示为：

$$\mu_i = \frac{I_i - E_i}{S_i}$$

式中，μ_i—— 处理设施对第 i 种污染物的处理效益；

I_i—— 第 i 种污染物的进口质量浓度，mg/L；

E_i—— 第 i 种污染物的出口质量浓度，mg/L；

S_i—— 污染物的排放标准浓度，mg/L。

这样，假设企业处理了 N 种的污染物，第 i 种污染物的处理费用就可以表示为：

$$C_i = C \cdot \frac{\mu_i}{\sum_{n=1}^{N} \mu_i} = C \cdot \gamma(i)$$

式中，C_i—— 第 i 种污染物的处理费用，万元；

C—— 废水或废气的处理费用，万元；

μ_i—— 第 i 种污染物的处理效益，其中 $\gamma(i) = \frac{\mu_i}{\sum_{n=1}^{N} \mu_i}$ 是第 i 种污染物的治理成本系数。

（4）修正的治理成本系数法

彭武珍认为治理成本系数法是有缺陷的，即不管任何类型的污染物，只要排放标准相同，那么它们的单位治理成本也必然相等，因此对此方法进行了修正。

修正的思路是，治理成本不仅与治理效益相关，还与治理难度相关，在原来的治理效益的基础上，乘上一个治理难度系数，以此得到治理成本系数，并通过与总治理成本来进行分摊，分摊后的各污染物的治理成本除以污染物去除量，就可以得到单位治理成本：

$$C_i = \frac{C \cdot \dfrac{I_i - E_i}{S_i} \cdot \dfrac{E_i}{I_i} / \sum_{i=1}^{n} \left(\dfrac{I_i - E_i}{S_i} \cdot \dfrac{E_i}{I_i} \right)}{\left(I_i - E_i \right) \cdot M}$$

式中，E_i —— 第 i 种污染物的出口质量浓度，mg/L；

I_i —— 第 i 种污染物的进口质量浓度，mg/L；

S_i —— 污染物的排放标准浓度，mg/L；

M —— 残余物总量，t；

i —— 污染物的类别。

3.3.2.2　污染损失法

经济学家认为，环境价值可以通过环境质量对外界的影响来计量。当环境质量恶化时，人类的福利下降，其他生命体也会受到不利影响，甚至非自然物品也会因此受损；当环境质量改善时，周边的事物也会随之得到有益影响。计算环境损失与退化成本，需要进行专门的污染损失调查，确定污染排放对当地环境质量产生影响的货币价值，从而确定污染所造成的环境退化成本，从理论上来说，污染损失才是真正的环境退化成本，只有进行污染损失估算才能体现污染治理的效益。目前环境污染价值评估方法包括四大类：直接市场评价法、替代市场评价法、支付意愿法、成果参照法。

（1）直接市场评价法

直接市场评价法就是把环境质量看作是一个生产要素，并根据生产率的变动情况来评价环境质量变动所产生影响的一种方法，它直接运用货币价格，对可以观察和度量的环境质量变化进行评价。

1）市场价值法

市场价值法亦称生产率下降法，是将自然环境资源作为生产因素，根据其质量的变化导致生产率和生产成本变化，进而引进生产量与利润变化这一规律，利用市场价格计算自然环境资源变化造成的产品价值损失，作为环境资产质量恶化的成本。

2）恢复费用法

恢复费用法或重置成本法：假如导致环境质量恶化的环境污染或破坏无法得到有效治理，那么，就不得不用其他方式来恢复受到损害的环境，以便使原有的环境质量得以保持。将受到损害的环境质量恢复到以前状况所需要的费用就是恢复费用。恢复费用又称为重置成本，这是因为随着物价和其他因素的变动，上述恢复费用往往远远高于原来的产出品或生产要素的价格。

3）影子工程法

影子工程法是恢复费用法的一种特殊形式，影子工程法是在环境破坏后，人为建设一个工程来替代原来的环境功能，用建造新工程的费用来估计环境污染或破坏所造成的经济损失的一种方法。

4）机会成本法

机会成本法是指环境资源的使用存在互斥备选方案，如果选择其中一种将放弃其他使用机会，因此将放弃的其他使用方案中获得的最大经济效益作为所选方案的机会成本。计算公式为：

$$P = \sum_{i=1}^{n} C_i \times Q_i$$

式中，P —— 资源的价值；

C_i —— 第 i 种资源的单位机会成本；

Q_i —— 第 i 种资源的使用数量。

5）人力资本法

人力资本法又称收入损失法，环境质量脱离环境质量标准对人类健康有着多方面的影响，这种影响不仅表现为因劳动者发病率与死亡率变化而给生产直接带来的损失或收益，而且还表现为医疗费开支的变化等，该方法就是专门评估反映在人身健康上的环境价值的计量方法。估算由于疾病导致缺勤所引起的收入损失和医疗费用，通常包括治疗费用、住院费用、病人和陪护人员的工作日损失费用等。显然这种方法估算的损失没有包括病人因为病痛带来的痛苦，也是对健康损失的一种低估。

在估算环境污染引起过早死亡的经济损失时，往往应用人均 GDP 作为一个统计生命年对 GDP 贡献的价值，称为修正的人力资本法。这种方法与人力资本法的区别在于，从整个社会而不是从个体（不存在人力是健康的劳动力还是老人和残疾人的问题）角度，来考察人力生产要素对社会经济增长的贡献。在建立污染物与受污染人群的经济损失模型时，需注意 3 个问题：一是过早死亡损失的生命年数是其社会期望寿命，各年龄都有其期望寿命，社会期望寿命随着年龄的增加而逐步变小，需要进行合理的预测；二是未来的社会 GDP 需要进行预测；三是贴现率的选择对评价结果的影响较大。

（2）替代市场评价法

所谓替代市场评价法，就是使用替代物的市场价格来衡量没有市场价格的环境物品的价值的一种方法。它通过考察人们与市场相关的行为，特别是在与环境联系紧密的市场中所支付的价格或他们获得的利益，间接推断出人们对环境的偏好，以此来估算环境质量变化的经济价值。替代市场评价法有一个假设前提：在对环境质量以外的其他所有变量进行约束之后，所表现出来的价格差异就反映了购买者对于所考虑的环境质量的价值评估。

1）防护费用法

防护费用法是指当某种活动有可能导致环境污染时，人们可以采取相应的措施来预防或治理环境污染。用采取上述措施所需费用来评估环境危害的方法就是防护费用法。该法适用于隔音、抗震等防护费用，消烟除尘、污水处理等治理费用，防治机构的监测、科研等管理费用的计量。

2）旅行费用法

旅行费用法是通过交通费、门票费和花费的时间成本等旅行费用来确定旅游者对环境商品或服务的支付意愿，并以此来估算环境物品或服务的价值的一种方法。该法常常被用来评价那些没有市场价格的自然景点或者环境资源的价值。它要评估的是旅游者通过消费这些环境商品/服务所获得的效益，或者说，对这些旅游场所的支付意愿。

3）资产品质评价法

资产品质评价法又叫内涵房地产定价法、享受性价值评价法，就是通过资产市场调查，收集资产价格与资产品质，包括环境质量品质的信息，运用多元回归的数学方法，以资产的一般品质作为控制变量，分析资产价格与其环境质量的关系，推断出人们赋予环境价值量大小的一种价值评估方法。

4）工资差额法

在其他条件相同时，劳动者工作场所环境条件的差异（如噪声的高低、是否接触污染物等），会影响劳动者对职业的选择。通常来说，在其他条件相同时，劳动者会选择工作环境比较好的职业或工作地点。为了吸引劳动者从事工作环境比较差的职业并弥补环境污染给他们造成的损失，厂商就不得不在工资、工时、休假等方面给劳动者以补偿。这种用工资水平的差异（工时和休假的差异可以折合成工资）来衡量环境质量的货币价值的方法，就是工资差额法。工资差额法与内涵房地产定价法一样，都属于内涵价值评估方法。

（3）支付意愿法

支付意愿法是通过询问人们对于环境质量改善的支付意愿或忍受环境损失的受偿意愿来求导环境物品的价值。该法在西方国家得到广泛使用，近年国内专家也采用支付意愿法进行实例研究，但是有学者对这种方法在国内的应用存在质疑。如马中在《环境与资源经济学概论》中提出，由于发展中国家缺乏对消费者进行市场调查的传统，因此被调查者可能因为难以理解这一方式而不能给出他们真实的支付意愿，还有国内对社会收入的不满程度以及政府信息公开等因素都会引起支付意愿的不真实表达。

（4）成果参照法

在缺乏大量基础性研究的情况下，成果参照法就是将其他地区或国家的环境评估参数、暴露-反应关系或函数，应用到本国研究评价中的一种技巧。成果参照法实际上是一种间接的经济评价方法，它采用一种或多种基本评价方法的研究结果来估计类似环境影响的经济价值，并经修正、调整后移植到被评价的项目。在不同地区采用一个参数或暴露-反应关系往往是不合理的，必须要分析参数影响因素在两地之间的差异，对参数进行修正后采用。

3.4 核算步骤

由于我国南北方稀土性质不同，导致开采加工过程中造成的生态环境影响存在差异。另外，不同价值量核算方法决定不同的实物量核算内容，如基于治理成本法和基于污染损失法，前者是反映稀土开发生态环境成本的最小值，而后者是尽可能真实体现环境退化成本。因此，需要在图 3-1 总体框架的基础上，利用不同核算方法建立具有区域差异化的稀土资源开发生态环境成本核算框架。核算步骤如下：

1）鉴于我国南方和北方稀土资源的禀赋特征差异，首先确定核算对象的稀土资源类型，结合核算数据的可得性，选择合适的生态环境价值损失核算方法——虚拟治理成本法和污染损失法。在数据来源有限的情况下，建议优先使用数据要求相对较低的虚拟治理成本核算方法；在数据获得极大化情况下，建议使用对数据要求较高的污染损失核算方法。

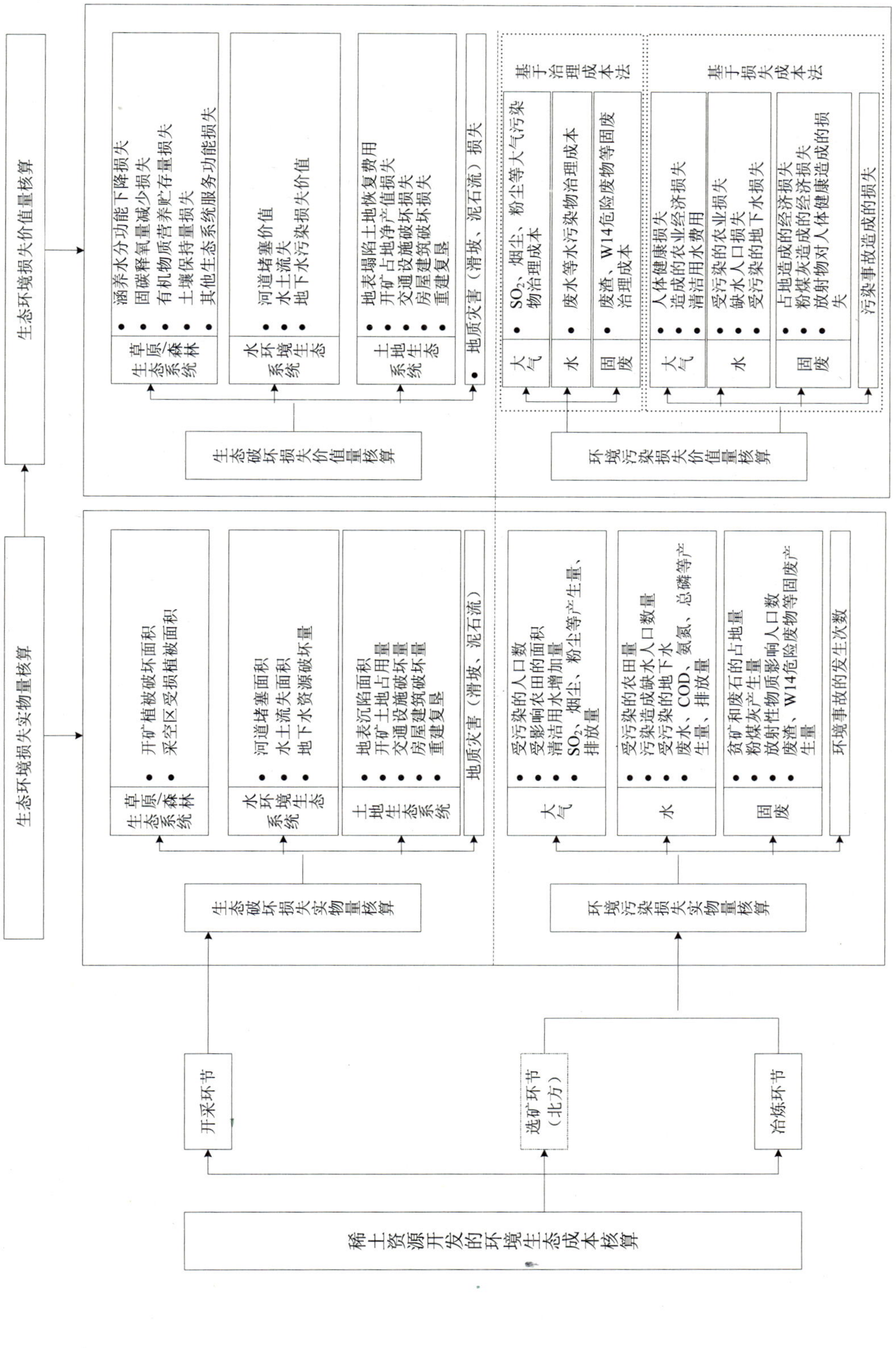

图 3-3　稀土资源开发生态环境成本核算框架

2）在明确核算方法的前提下，基于污染损失法或治理成本法的不同稀土类型的环境污染成本核算框架，明确核算指标和核算内容。同时，北方轻稀土开发环境污染核算框架包括开采、选矿和冶炼不同生产环节的环境成本实物量和价值量，南方离子型稀土开发环境污染核算框架应包括开采和冶炼生产环节的环境成本实物量和价值量。

3）需要指出的是，虚拟治理成本法核算的环境污染损失是稀土资源开发环境成本的下限值，污染损失法核算的环境污染损失是稀土资源开发环境成本的上限值，在实际区域/企业核算中，可综合考虑虚拟治理和污染损失指标，核算稀土资源开发环境污染成本的区间值。

4）南北稀土资源开发导致的生态破坏损失相似，根据生态破坏核算框架，确定生态成本实物量和价值量核算指标。稀土资源开发生态破坏成本包括废弃矿山生态破坏成本和现有矿山生态破坏成本，现有矿山生态破坏成本核算包括水生态系统、森林生态系统、草原生态系统和农田生态系统核算项。

5）综合环境污染价值量和生态破坏价值量核算结果，最终核算出稀土资源开发生态环境成本。

第4章 稀土资源开发生态环境实物量核算

4.1 稀土资源开发水污染实物量核算

在开采环节，南方离子型中重稀土矿采矿工艺采用原地浸矿，主要污染物为淋出液；北方轻稀土矿开采过程中对地表水影响较小，暂不计算水污染情况。在选矿环节，南方离子型中重稀土可忽视环节；北方轻稀土矿需要运输至选矿车间进行选矿，在研磨矿石过程中排放废水。在冶炼环节，南北方稀土矿均需考虑水污染物排放。

4.1.1 治理成本法

核算指标：废水排放量、废水排放达标量、废水排放未达标量以及污染物排放量。其中，废水中含有的主要污染物指标有COD、氨氮、氟化物、总氮、石油类等（表4-1）。

表4-1 稀土企业废水排放量及主要污染物排放量

废水产生量	废水未达标排放量	废水达标排放量	主要污染物排放量				
			COD	氟化物	氨氮	总氮	石油类

资料来源：普查数据、统计年鉴、企业调查等。

4.1.2 稀土摄入与人体健康危害研究

稀土在人体体内摄入或累积可能是通过摄入、吸入和表皮接触，水作为人体最容易吸收的液体，最有可能导致稀土在体内的积蓄。中科院朱为方等研究发现（表 4-2），A 观察村中饮用水中稀土日摄入量是对照区的 16 倍，B 观察村稀土日摄入量是对照村的 45 倍，充分说明水可能是稀土污染的重要因素。朱为方等也对赣南稀土区儿童智商开展调查研究，两个观察区居民饮用井水及山泉含 REO（μg/L）分别为 A 区：12～20，平均 15.8（*n*=5）；B 区：25.5～88.5，平均 47.0（*n*=4），每日摄取的 15 种主要日常食物计算 REO 人日摄入量（mg），A 区：6.7；B 区：6.0；对观察区与对照区学前班至一年级的 6～9 岁正常儿童智商研究对比发现，稀土区儿童智商均数、记忆力均较对照区明显低下，但 A 区儿童还在注意力和推理能力方面显著低于对照区，说明稀土影响了大脑功能，而重稀土表现更明显，提示重稀土可能较轻稀土更容易在大脑积蓄或毒性更大，因经包头区检查，尚未发现儿童因抬期照射对（文瑞标准）推理和韦氏智商语言得分带来显著性影响。另外，对其他健康项目调查结果表明，A 区 21 例成人中枢神经传导速度减慢，一级体感皮层原发反应区神经元放电同步性差；A 区及 B 区村民眼底检查（87 例）发现动脉硬化者 38 例，占 43.7%，显著高于对照区（占 15%，$P<0.05$），两稀土区人群（107 例）胆固醇较对照区（49 例，$P<0.01$）高，A 区免疫球蛋白与正常值比显著增高。

表 4-2 稀土区和对照区成人饮用水 REO 日摄入量

途径	日用量/kg	每年食用天数/d	下湖村 A 区		香山村 B 区		锁龙村 C 区	
			食物含 REO/（μg/g）	日均摄入 REO/mg	食物含 REO/（μg/g）	日均摄入 REO/mg	食物含 REO/（μg/g）	日均摄入 REO/mg
饮用水	2	365	0.015 9（5）	0.032	0.047（4）	0.09	0.000 925	0.002

关于稀土元素健康暴露的研究较少，但有研究认为可以用人类头发中的 REE 浓度来表明 REE 暴露指数，从而反映人类对 REE 的吸收剂量体内吸收和负载能力（表 4-3）。彭瑞玲选取江西省某离子吸附型轻稀土某矿区作为调查点，选择矿区 5 个自然村（包括 2 个高暴露村、2 个低暴露村、1 个对照村）的 71 例 0～3 岁婴幼儿与 62 例母亲为调查对象，研究发现住在离矿区越近的婴幼儿头发中稀土水平越高，离矿区越远的婴幼儿头发中稀土水平越低，婴幼儿与其母亲头发中稀土水平对比发现，婴幼儿头发中稀土含量远高于母亲，约为母亲的 2 倍，研究证明婴幼儿是该矿区稀土高暴露人群。Tong 等对我国南方离子型轻稀土矿区 11～15 岁儿童头发中稀土元素研究对比发现，这些儿童头发中稀土的含量要显著高于参照区，并且稀土元素在头发中的分布情况与稀土在空气和原矿中

的情况极度相似，研究进一步证实矿区儿童是稀土暴露高风险人群。魏炳干等研究了在内蒙古白云鄂博矿区居住的居民，以距离矿区 200 km 控制区的居民以及矿区工人为研究对象，发现矿区居民头发中的稀土平均浓度高于控制区居民，矿区男性头发中 15 种稀土元素含量比女性要高出很多，矿工头发中稀土含量，特别是轻稀土元素含量，要比周边居民以及控制区的居民头发中的含量高，另外轻稀土含量随着年龄的增长不断在人体中累积，但是长期暴露在低含量重稀土的男性头发中的稀土含量随着年龄的增长在减少。卢国珵以山东某稀土矿区为研究现场，对 20～55 岁未从事稀土采矿作业的男性农民进行研究，发现矿区发样轻稀土富集程度高出对照村 3 倍，重稀土差异无统计学显著性。

表 4-3　文献研究的发样中稀土元素的质量浓度　　单位：ng/g

元素	江西（0～3 岁）		江西（11～15 岁）		山东（20～55 岁）	
	采矿区	控制区	采矿区	控制区	采矿区	控制区
La	1370.59	78.11	450.0	120.0	125.9	25.1
Y	201.55	38.72	71.2	82.3	19.6	16.0
Ce	581.24	113.06	340.0	220.0	269.2	65.6
Pr	302.34	18.74	80.0	30.0	21.4	5.2
Nd	1111.44	70.92	280.0	120.0	77.2	21.2
Sm	196. 71	15.23	40.0	30.0	9.3	3.9
Eu	20.04	0.97	6.0	3.7	2.5	1.1.
Cd	151.97	14.79	30.6	23.7	8.4	4.6
Tb	18.09	1.98	3.3	3.4	0.8	0.5
Dy	71.59	10.44	15.1	18.2	4.2	3.1
Ho	11.22	1.90	2.3	3.1	0.7	0.5
Er	28.13	4.95	15.9	8.5	2.3	1.4
Tm	2.87	0.64	0.6	1.1	0.2	0.1
Yb	17.31	3.35	3.6	6.6	1.4	1.3
Lu	2.31	0.33	0.5	0.8	0.2	0.1

资料来源：Peng et al.（2002），Tong et al.（2004），Lu et al.（2007）等文献。

辐射剂量响应评估主要是根据人受到高剂量照射和动物实验的研究结果。外推是需要的，但总是带有不确定性。大多数公众接受的是低剂量，这在流行病学研究中是很难检出癌的发生率和死亡率的任何增加。未来的一项挑战，是要建立包括有不确定性的个人剂量的估计，并确定在一个长时期内积累剂量所致效应。

4.2 稀土资源开发大气污染实物量核算

在开采环节，南方离子型稀土矿开采对大气环境影响较小，可忽略大气污染实物量。在选矿环节，南方离子型中重稀土可忽视此环节；北方轻稀土矿有大气污染。在冶炼环节，南北方稀土矿均需考虑大气污染物排放。

4.2.1 治理成本法

稀土矿开采中气载放射性废物来源主要是采矿产生的粉尘、扬尘，以及精矿冶炼产生的含 HCl 和 SO_2 的混合气体，湿法分离时逸散的含 HCl、氨气和有机萃取剂的废气以及锅炉燃煤产生的含 SO_2、烟尘的烟气。

核算指标为：废气产生量、废气达标排放量和废气未达标排放量，钍、铀总量、SO_2、硫酸雾、颗粒物、氟化物、氯气、氯化氢、氮氧化物等的排放量。在核算中可选择主要大气污染物作为核算对象，包括 SO_2、氮氧化物、烟尘、氟化物和氯化氢等。

根据《稀土工业污染物排放标准》（GB 26451—2011），注意稀土冶炼的概念，并识别各环节的主要大气污染物，稀土企业大气污染实物量核算指标见表 4-4。

表 4-4　稀土企业废气及主要污染物排放量核算指标

<table>
<tr><th>生产环节</th><th>废气产生量</th><th>废气达标排放量</th><th>废气未达标排放量</th><th colspan="2">主要大气污染物排放量</th></tr>
<tr><td rowspan="2">采选环节</td><td rowspan="2"></td><td rowspan="2"></td><td rowspan="2"></td><td>烟尘</td><td></td></tr>
<tr><td>粉尘</td><td></td></tr>
<tr><td rowspan="6">冶炼环节（分解提取、萃取分组分离、金属及合金制取）</td><td rowspan="6"></td><td rowspan="6"></td><td rowspan="6"></td><td>二氧化硫</td><td></td></tr>
<tr><td>烟尘</td><td></td></tr>
<tr><td>粉尘</td><td></td></tr>
<tr><td>氟化物</td><td></td></tr>
<tr><td>氯化氢</td><td></td></tr>
<tr><td>氮氧化物</td><td></td></tr>
</table>

资料来源：普查数据、统计年鉴、企业调查等。

4.2.2　污染损失法

4.2.2.1　大气污染健康实物量

（1）大气污染物对人体健康影响研究

1）影响健康的空气危害阈值与评价因子

稀土大气污染物包括颗粒物、二氧化硫、氟化物、氯气、氯化氢、氮氧化物等。根据其在大气中的存在状态，可分为气态和气溶胶态两类。代表性的气态污染物有 SO_2 和 NO_x。大气颗粒物是气溶胶态的大气污染物。按照空气动力学等效直径，大气颗粒物一般可分为总悬浮颗粒物（TSP，粒径≤100 μm）、可吸入颗粒物（PM_{10}，粒径≤10 μm）、细颗粒物（$PM_{2.5}$，粒径≤2.5 μm）和超细颗粒物（$PM_{0.1}$，粒径≤0.1 μm）等。世界卫生组织（WHO）大气质量基础（AQG）提出目前全球主要大气污染为以下 4 项：大气颗粒物、二氧化硫、二氧化氮和臭氧。但是，迄今为止的研究未能明确地观察到这些大气污染物对人群健康不产生影响的浓度，即污染物可能产生不良健康影响的最小浓度值。2005 年世界卫生组织依据空气污染与其健康影响相关的大量科学证据制定了空气质量准则，$PM_{2.5}$、PM_{10}、O_3、NO_2、SO_2 准则值如表 4-5 所示。

表 4-5　WHO 空气质量准则

污染物	年平均质量浓度/（μg/m³）	24 h 平均质量浓度/（μg/m³）	8 h 平均质量浓度/（μg/m³）	1 h 平均质量浓度/（μg/m³）	10 min 平均质量浓度/（μg/m³）
$PM_{2.5}$	10	25			
PM_{10}	20	50			
O_3			100		
NO_2	40			200	
SO_2		20			500

最新研究显示在很低的污染水平，大气颗粒物、SO_2 和 O_3 仍会对人体健康造成危害，即不存在浓度阈值。美国癌症协会 ACS 队列研究表明 PM_{10} 最低质量浓度水平为 15 μg/m³，该结果也被世界银行中国污染评估报告和中国环境污染经济核算采纳。对美国哈佛六城市研究数据分析显示，大气 $PM_{2.5}$ 质量浓度在 9～11 μg/m³ 时仍能观察到其对健康的影响，世界卫生组织在总结美国两个大规模队列研究的基础上，提出当细颗粒物（$PM_{2.5}$）的年均质量浓度低于 10 μg/m³ 时，就可以避免绝大多数的不良健康效应。

加拿大的一项研究显示，在平均质量浓度为 5 μg/m³ 时，仍可观察到大气 SO_2 浓度升高与人群日死亡率增加的相关关系。与本底水平（70 μg/m³）相比，大气 O_3 的 8 h 平均质量浓度升高至 100 μg/m³ 可使人群死亡率增加 1%～2%。本书采用 15 μg/m³ 作为 PM_{10} 的阈值。

国内外在大气污染对人体健康影响方面的流行病学研究表明 PM_{10}、SO_2 和 NO_2 之间的化学和生物相关性很大，常常被视为大气污染的标志物。但由于已有剂量-反应关系的研究多为单一污染物与健康终端的一一对应关系，因此，给健康污染损失评估带来很大的问题。目前学术界就这一问题有两种观点：一种是建议分别估算 PM_{10} 和 SO_2 的健康危害损失，并取其高者作为最后的健康经济损失，以避免重复计算；另一种观点倾向于将这两种污染物的健康危害损失单独计算，然后相加。我国环境经济核算中选取 SO_2 和 PM_{10} 作为空气污染健康影响因子，分别估算 SO_2 和 PM_{10} 的健康危害损失，并取其高者作为最后的健康经济损失，但在试算中发现 SO_2 造成的危害远远小于 PM_{10}，核算结果表明 SO_2 造成的健康污染损失仅占大气污染健康损失的 1/10，因此最终计算时只计算 PM_{10} 造成的健康经济损失。世界银行与原国家环保总局在计算中国大气污染损失中，也将 PM_{10} 作为单一空气污染评价因子。据此，在本书中将 PM_{10} 作为唯一空气污染评价因子。

2）健康危害的终端

我国通常选择评价的健康终端包括：

死亡：死亡率的百分增长率，%

①全因死亡

②慢性阻塞性呼吸系统疾病（COPD）

③心血管疾病（CVD）

④脑血管疾病（CEVD）

患病：呼吸系统疾病、循环系统疾病患病率的百分增长率，%

①住院人数（HA）

②患病率或发病率或门诊人次（OPV）

③工作日损失（WDL）

3）大气污染暴露-反应关系的相关研究

①长期暴露研究

大气污染问题已成为备受关注的全球性问题，其相关的健康效应终点包括从出现亚临床症状、发病到死亡的一系列过程，对人群的健康影响包括长期暴露后的慢性效应和短期暴露的急性效应两部分。观测大气污染的慢性健康效应多采用横断面研究和队列研究方法，急性健康效应采用时间序列研究、病例交叉研究和固定群组追踪研究。队列研究是国际上公认的评价大气污染对人群健康影响最为理想的方法，目前较有代表性的队列有：哈佛六城市队列、荷兰交通污染队列（NLCS-Air）、美国癌症协会（ACS）队列、美国女性健康（WHI）队列，以及中国国家高血压调查——大气污染队列研究（CNHS-Air，China National Hypertension Survey）（表 4-6）。

表 4-6　长期暴露-反应关系队列研究成果

研究名称	发表年份	暴露增量	死亡相对风险增加的百分比（95%CI）		
			全死因	心肺疾病	肺癌
哈佛六城市	1993	10 μg/m³，$PM_{2.5}$	13.0（4.2～23）	18.0（6.0～32）	18.0（−11～57）
哈佛六城市再分析	2006	10 μg/m³，$PM_{2.5}$	16.0（7～26）	28.0（13～44）	27.0（−4～69）
ACS 队列	2002	10 μg/m³，$PM_{2.5}$	6.2（1.6～11）	9.3（3.3～16）	13.5（4.4～23）
	2004	10 μg/m³，$PM_{2.5}$		12.0（8～15）	
ACS（L.A）	2005	10 μg/m³，$PM_{2.5}$	17.0（5～30）	12.0（−3～30）	
	2009	10×10^{-9}，O_3	0.1（−0.4～0.7）	1.6（0.8～2.4）	
NLCS-Air 子队列	2001	10 μg/m³，BS	17.0（−24～78）	34.0（−32～164）	
NLCS-Air 全队列	2009	10 μg/m³，BS		4.0（−5～13）	3.0（−12～20）
		10 μg/m³，NO_2		7.0（−6～21）	−9.0（−28～15）
		10 μg/m³，$PM_{2.5}$		4.0（−10～21）	6.0（−18～38）
		10 μg/m³，SO_2		−6.0（−18～6）	0.0（−21～26）
WHI	2007	10 μg/m³，$PM_{2.5}$		76.0（25～147）	
		10 μg/m³，$PM_{2.5}$		24.0（9～41）	
CNHS-Air	2011	10 μg/m³，TSP	0.3（−0.1～0.6）	0.9（0.3～1.5）	1.1（−0.1～2.3）
		10 μg/m³，SO_2	1.8（1.3～2.3）	3.2（2.3～4.0）	4.2（2.3～6.2）

国内少量学者采用生态学研究方法开展大气污染对人群健康影响的研究，研究通过比较污染最严重地区和最清洁地区的污染物浓度，估计相对危险值（表 4-7）。

表 4-7　中国部分城市大气污染状况和死亡率

城市	年份	污染物质量浓度/（μg/m³）			死亡率	
		TSP	PM_{10}	SO_2	心脑血管病	冠心病
杭州	2002		113	46	132.06	25.66
	2003				151.06	29.14
	2004				149.68	28.11
沈阳	1992	467		133	160.8	77.9
本溪	1994	290～610		160～240	291.5	

推荐暴露-反应关系

CNHS-Air 是我国首次采纳队列研究方法来报道室外大气污染物对健康的影响。队列研究的人口数据来自国内高血压随访调查（China national hypertension follow-up survey），样本人数限定在城镇居住人口，约 70 947 例中年男女，并在 1990—2000 年随访数据收集中获得研究对象的病史、住院状况、死亡情况以及医院记录和死亡证明。1990—2000 年没有 PM_{10}、$PM_{2.5}$、NO_2 和 O_3 监测数据，常规监测污染物为 TSP、SO_2 和 NO_x，数据来自中国环境监测总站，由于污染物的监测数据应该反映大背景下的城市空气污染水平而不是固定污染源，监测站应选择在参与者人员所处邮政中心 15 km 范围以内。研究采用比例风险回归模型估计空气污染物和死亡率的关系，得到每增加 10 μg/m³ 大气污染物质量浓度死亡率增加百分北如表 4-8 所示。其中，CNHS-Air 研究中的 TSP 平均质量浓度为 289 μg/m³，是 1991—2000 年 32 个城市的平均质量浓度。

表 4-8　单个和多项污染物模型下每增加 10 μg/m³ 污染物质量浓度死亡率增加百分比　　单位：%

	模型	全死因	心血管疾病死亡率	呼吸疾病死亡率	肺癌死亡率
TSP	单个污染物	0.3（−0.1，0.6）	0.9（0.3，1.5）	0.3（−0.6，1.3）	1.1（−0.1，2.3）
	SO_2 调整	0.1（−0.3，0.4）	0.9（0.2，1.5）	0.6（−0.5，1.6）	1.0（−0.4，2.4）
	NO_x 调整	0.0（−0.3，0.4）	0.9（0.2，1.5）	0.5（−0.6，1.6）	1.0（−0.4，2.4）
SO_2	单个污染物	1.8（1.3，2.3）	3.2（2.3，4.0）	3.2（1.8，4.7）	4.2（2.3，6.2）
	TSP 调整	1.8（1.3，2.3）	3.1（2.2，4.0）	3.2（1.7，4.7）	4.1（2.1，6.1）
	NO_x 调整	1.8（1.3，2.3）	3.1（2.2，4.0）	3.1（1.6，4.6）	4.1（2.1，6.1）
NO_x	单个污染物	1.5（0.4，2.5）	2.3（0.6，4.1）	2.6（−0.2，5.6）	2.7（−0.9，6.5）
	TSP 调整	1.4（0.3，2.5）	1.5（−0.4，3.3）	2.1（−1.0，5.3）	1.7（−2.1，5.7）
	SO_2 调整	0.7（−0.4，1.8）	1.2（−0.6，3.0）	1.5（−1.5，4.6）	1.3（−2.6，5.3）

TSP/PM_{10} 转换系数

由于国内大气污染健康剂量-反应关系是基于 TSP 的研究结果，需要将 TSP 转换为 PM_{10}。中国环境经济核算技术指南中提出，关于 TSP 和 PM_{10} 之间的转换系数，国内专家建议采用 0.55～0.70 的取值范围，即假设空气中的总悬浮颗粒物中有 55%～70%的直径小于 10 μm 的颗粒物，剂量-反应关系转换时采用了 0.6。CNHS-Air（2011）研究中，采用的 PM_{10} 和 TSP 的转换系数为 0.5。另外，根据对 2010 年同时有 TSP 和 PM_{10} 监测数据城市的分析研究，得到南方城市 PM_{10}/TSP 转换系数为 0.45，北方城市 PM_{10}/ TSP 转换系数为 0.57。在本书中，采用 PM_{10}/TSP 转换系数为 0.5。

表 4-9　转换成 PM_{10} 后的每增加 10 μg/m³ 污染物质量浓度死亡率增加百分比　　单位：%

	全死因	心血管疾病死亡率	呼吸疾病死亡率	肺癌死亡率
TSP 转化为 PM_{10}	0.6	1.8	0.6	2.2

RR 值

目前的研究认为，某种大气污染与相应的健康效应关系基本上符合一种污染物的线性或对数线性的关系。RR 是相应大气污染物浓度下的人群健康效应的相对危险度。

$$\mathrm{RR}=\left[(C+1)/(C_0+1)\right]^{\beta}$$

式中，C —— 某种大气污染物浓度的当前污染水平，CNHS-Air 中 TSP 平均质量浓度为 289 μg/m³，转换成 PM_{10} 为 144.5 μg/m³；

C_0 —— 某种大气污染物的基线（背景）浓度水平，假设 PM_{10} 为 15 μg/m³；

β —— 每增加 1 μg/m³ 的大气污染物质量浓度，人群中的健康效应增加的百分比。

由上式可以得到全死因和心血管疾病、呼吸疾病和肺癌的 RR 值，见表 4-10。

表 4-10　长期 PM_{10} 暴露对全死因和各个疾病的 RR 值

全死因	心血管疾病死亡率	呼吸疾病死亡率	肺癌死亡率
1.14	1.49	1.14	1.63

②短期暴露研究

时间序列研究和病例交叉研究是研究短期暴露研究的两种方法。时间序列研究被用来分析每日健康事件的发生率（如住院率或死亡率）与每日或几日内大气污染物浓度以及其他危险因素（如气象因素）之间的关系，中国城市大气污染健康终端效应时间序列研究的 Mate 分析结果如表 4-11 所示。病例交叉研究是选择发生某种急性事件的病例，分别调查事件发生时及事件发生前的暴露情况及程度，以判断暴露危险因子与某事件有无关联及关联程度大小的一种观察性研究方法，近年采用病例交叉研究方法，针对稀土行业相关大气污染物短期暴露研究如表 4-12 所示。

表 4-11　中国城市大气污染健康终端效应时间序列研究的 Mate 分析结果

（污染物质量浓度每增加 1 μg/m³ 健康终端增加的百分比）

健康终端	污染物	系数/%	标准差（SE）
全死因死亡率	PM_{10}	0.03	0.01
	SO_2	0.04	0.01
CVD 死亡率	PM_{10}	0.02	0.008
	SO_2	0.04	0.01
呼吸系统疾病死亡率	PM_{10}	0.06	0.02
	SO_2	0.06	0.02
门诊人数	PM_{10}	0.012	0.004
	SO_2	0.02	0.01
小儿科门诊人次	PM_{10}	0.05	0.02
	SO_2	0.08	0.03
内科门诊人次	PM_{10}	0.03	0.01
	SO_2	0.05	0.02
急诊人次	PM_{10}	0.01	0.01
	SO_2	0.04	0.01
住院人次	PM_{10}	0.11	0.015
	SO_2	0.21	0.066
CVD 住院人次	PM_{10}	0.07	0.02
	SO_2	0.19	0.04
呼吸系统疾病住院人次	PM_{10}	0.12	0.03
	SO_2	0.17	0.04
成人慢性呼吸疾病	PM_{10}	0.31	0.02
儿童慢性呼吸疾病	PM_{10}	0.44	0.02

资料来源：过孝民，於方. 环境污染成本评估理论与方法 [M]. 北京：中国环境科学出版社，2009.

表 4-12　病例交叉方法大气污染物健康影响研究

研究	研究区域	污染物	结果变量
Neas et al. 1999	美国	TSP	非随机
Sunyer et al. 2000	新加坡	BS	非随机
Sunyer and Basagana 2001	新加坡	PM_{10}，CO，NO_2，O_3	非随机
Kwon et al. 2001	斯洛伐克	PM_{10}，CO，NO_2，SO_2，O_3	非随机
Yang et al. 2003	加拿大	COH，CO，NO_2，SO_2，O_3	呼吸疾病住院人次
Tsai et al. 2003a	中国	PM_{10}，BS，CO，NO_2，SO_2，O_3	中风住院人次
Tsai et al. 2003b	中国	PM_{10}，BS，CO，NO_2，SO_2，O_3	非随机
Lin et al. 2003	加拿大	CO，NO_2，SO_2，O_3	哮喘住院人次
Yang et al. 2004a	中国	PM_{10}，CO，NO_2，SO_2，O_3	非随机
Yang et al. 2004	中国	PM_{10}，CO，NO_2，SO_2，O_3	心血管疾病住院人次
Bateson and Schwartz 2004	美国	PM_{10}	心血管或呼吸疾病住院人次
Rich et al. 2004	加拿大	PM_{10}，SO_2，NO_2，O_3	心率失常
Chang et al. 2005	中国	PM_{10}，NO_2，CO，O_3	心血管疾病住院人次
Luginaah et al. 2005	加拿大	PM_{10}，COH，NO_2，SO_2，CO，O_3	呼吸疾病住院人次
Barnett et al. 2005	澳大利亚	PM_{10}，$PM_{2.5}$，COH，NO_2，SO	呼吸疾病住院人次
Lin et al. 2005	加拿大	PM_{10}，$PM_{2.5}$，SO_2，CO，NO_2，O_3	呼吸疾病住院人次
Yang et al. 2006	中国	PM_{10}，SO_2，CO，O_3，NO_2	婴儿死亡
Tsai et al. 2006b	中国	PM_{10}，SO_2，CO，O_3，NO_2	哮喘住院人次
Tsai et al. 2006a	中国	PM_{10}，SO_2，CO，O_3，NO_2	婴儿死亡
Cheng et al. 2007	中国	PM_{10}，SO_2，CO，O_3，NO_2	肺炎住院人次
Lee et al. 2007b	中国	PM_{10}，SO_2，CO，O_3，NO_2	心力衰竭住院人次
Yang and Chen 2007	中国	PM_{10}，SO_2，CO，O_3，NO_2	COPD 住院人次
Yang et al. 2007	中国	PM_{10}，SO_2，CO，O_3，NO_2	哮喘住院人次
Lee et al. 2007a	中国	PM_{10}，SO_2，CO，O_3，NO_2	COPD 住院人次
Kim et al. 2007	斯洛伐克	PM_{10}，SO_2，CO，O_3，NO_2	哮喘住院人次
Henrotin et al. 2007	法国	PM_{10}，SO_2，CO，O_3，NO_2	中风
Ségala et al. 2008	法国	PM_{10}，SO_2，CO，O_3，NO_2	支气管炎住院人次
Yang 2008	中国	PM_{10}，SO_2，NO_2，CO，O_3	心力衰竭住院人次
Carracedo-Martinez et al. 2008	新加坡	BS，SO_2	心血管或呼吸疾病引起的食管气管联合导管
Son et al. 2008	斯洛伐克	PM_{10}，SO_2，NO_2，CO，O_3	婴儿死亡

资料来源：Case-Crossover Analysis of Air Pollution Health Effects: A Systematic Review of Methodology and Application。

因为以 PM_{10} 为空气评价因子，本书采纳 Aunan 等根据我国文献利用 Meta 分析方法得出的 PM_{10} 与大气污染相关疾病发病的暴露-反应关系，见表 4-13。

表 4-13　PM_{10}与大气污染相关疾病发病的暴露-反应关系

健康结局	疾病	β值/%	标准差/%
住院	呼吸系统疾病	0.12	0.02
	心血管疾病	0.07	0.02
发病	慢性支气管炎	0.48	0.04

（2）放射性大气污染对公众放射性影响研究

2010 年联合国原子辐射效应科学委员会（UNSCEAR）发布了低剂量辐射对健康的影响的科学报告，委员会将外部 X 射线和γ射线等辐射的低剂量界定为 200 mGy 或以下，低剂量率界定为 0.1 mGy/min（按多于或少于 1 h 计算平均值）。UNSCEAR 在对辐照后癌症发展机理进行了大量研究，但就目前研究成果来看很难判断低剂量辐照存在有显著效应的 DNA 变异，但也有部分证据表明，低剂量和低剂量率特定暴露产生的癌症风险的下降至少部分与细胞在辐照之后处理 DNA 损伤的能力有关，尤其是在对接受放射性疗法的患者进行的研究得出了一些流行病学证据——具有特定类型基本发生条件的个体在辐照之后其患病风险上升。但整体来说，低剂量辐照引发的癌症发病率增幅相对较低，目前累积的证据表明，剂量低于 1～2 Gy 时（或者更低剂量），非癌症疾病风险上升。总之，目前国内外研究缺乏低放射性污染与公众健康的暴露-反应关系。

（3）放射性大气污染对作业工人影响研究

20 世纪中期，国外首次报道了稀土尘肺病病例，并对确诊为稀土尘肺病例的肺组织、指甲、支气管肺灌洗液、血、尿等进行了稀土含量分析。有研究发现，吸入稀土会导致肺部的增殖性病变或尘肺病的发生，放射性物质的粉尘污染会增加病理反应，这取决于接触放射性物质的形式和剂量（Haley，1991），也有动物试验证明吸入或气管注射稀土会引发伴有中性粒细胞浸润发生的急性肺炎，可推断出长时间吸入稀土粉尘可能会使人类患有尘肺病，同时，不同剂量下动物死亡率实验证明了稀土并不是剧毒性物质（Seishiro Hirano，1996）。

国内对三个稀土冶炼厂 521 名稀土粉尘作业工人（原料破碎工人 145 名，精矿提取工人 72 名，合金冶炼工人 214 名，单一稀土冶炼工人 90 名）体检发现，稀土作业工人的症状和体征一般多发生在呼吸道、皮肤等方面，稀土粉尘主要以不溶性金属氧化物形态存在于空气中，主要危害是导致尘肺的发生（雷春文，1991）。包钢选矿厂生产原料中伴生 0.04%的天然钍以及衰变产物，有国内研究对包钢 2005—2006 年 10 年以上工龄的粉尘接触人员开展系列调查研究，发现含钍稀土混合粉尘对长期职业暴露人群有一定的遗传毒理学效应。早在 1993 年，包钢劳研所研究人员报道了白云矿伴生的天然钍在包钢开采和综合利用中对职工健康影响研究的主要结果。他们采用队列研究和病例对照两种研究方法进行了长期研究，将所有由白云矿天然钍造成的作业环境 γ 辐射水平升高或产生含钍粉尘的作业场所的男性汉族职工，工龄满 1 年以上者均入研究队列，称暴露组，所有厂、矿作业环境辐射水平在正常自然本底的男性汉族职工为对照队列，称非暴露组，研究未发现白云矿伴生的天然钍在包钢生产和综合利用中诱发超额癌症，小剂量的电离辐射在与非暴露组的比较中也均无降低的迹象，但研究发现电离辐射诱发染色体畸变是极其灵敏的显示出线性无阈值的剂量-效应关系，畸变率最高为对照组的 2～3 倍，在包钢的生产中暴露于白云矿含钍粉尘或由白云矿引起的环境 γ 线水平升高的职工所发现的职业病，目前只有矽肺病，发病率最高的是白云矿破碎车间和采矿车间（表 4-14）。

表 4-14　两个车间粉尘与尘肺比较

车间	粉尘成分/%			粉尘浓度/（mg/m^3）	粉尘直径＜5 μm 份额/%	尘肺发病率/%	肺内 SiO_2 沉积量/g
	SiO_2	^{232}Th	F				
破碎	3.9	0.069	7.53	21.5～923.1	16.4	8.46	0.47
采矿	4.3	0.032	2.37	44.06～2 804.0	18.1	5.64	1.72

资料来源：李琳，陈德清，王济中，等. 白云鄂博矿天然钍在包钢综合利用中对职工健康影响研究. 包钢科技，1993，2：72-81.

国家稀土开发应用卫生评价中心对 638 名接尘矿工进行了 1 158 次测定，研究结果表明，该矿矿工中没有一人肺内钍的沉积量达到最大允许值，最高者只有其 1/10，流行病学研究方法表明，该矿 1958—1993 年未发现由于吸入钍而导致接尘矿工超额肺癌的发生。10 多年的体检结果表明，只要矿工肺内钍的水平保持在肺内钍最大允许值的 1/10 以下，长期吸入含钍稀土矿尘不会对矿工的周围血象和肝功能造成不良影响。

总之，钍尘对职工健康的剂量-反应关系尚没有明确的成果研究。

（4）健康危害估算模型

暂时忽略大气污染放射性健康影响，主要以 PM_{10} 为空气污染影响因子，以全死因（或心血管疾病、呼吸疾病和肺癌）的过早死亡人数，呼吸系统疾病和心血管疾病的住院人次，慢性支气管炎发病人数为大气污染健康损失的实物量。计算终端为：死亡率；呼吸系统疾病和循环系统疾病（又称心血管疾病）住院；慢性支气管炎患病率/发病率和慢性呼吸系统疾病工作日损失。

1）大气污染造成的过早死人数

对于死亡率，可以用全因死亡率，也可以用特定疾病死亡率。全因死亡率的优点在于能更迅速地得到评价结果，特定疾病死亡率能更加准确地研究污染和健康的暴露-反应关系。过早死人数计算方法如下：

$$P_{ed}=10^{-5}\left(f_p-f_t\right)P_e$$

$$f_p=f_t\times RR$$

$$P_{ed}=10^{-5}\left(\frac{RR-1}{RR}\right)f_pP_e$$

式中，P_{ed} —— 现状大气污染水平下造成的全死因（或心血管疾病、呼吸疾病和肺癌）过早死亡人数，万人；

f_p —— 现状大气污染水平下全死因（或心血管疾病、呼吸疾病和肺癌）死亡率，1/10 万；

f_t —— 清洁条件水平下全死因（或心血管疾病、呼吸疾病和肺癌）死亡率，1/10 万；

RR —— 大气污染引起的全死因（或心血管疾病、呼吸疾病和肺癌）相对危险归因比；

P_e —— 暴露人口，万人。

2）大气污染造成的超住院人数

$$P_{eh}=\sum_{i=1}^{n}\left(f_{pi}-f_{ti}\right)$$

$$f_{ti}=\frac{f_{pi}}{1+\Delta c_i\beta_i/100}$$

$$P_{eh}=\sum_{i=1}^{n}f_{pi}\frac{\Delta c_i\beta_i/100}{1+\Delta c_i\beta_i/100}$$

式中，P_{eh} —— 现状大气污染水平下造成的超住院人次或发病人数，万人；

n —— 大气污染相关疾病，呼吸系统疾病、心血管疾病和慢性支气管炎；

f_{pi} —— 现状大气污染水平下的门急诊人次，次，数据来自《中国卫生统计年鉴》；

β_i —— 回归系数，即单位污染物质量浓度变化引起健康危害 i 变化的百分数，%；

Δc_i —— 实际污染物质量浓度与健康危害污染物质量浓度阈值之差，$\mu g/m^3$。

3）暴露人口的确定

根据《环境影响评价技术导则　大气环境》（HJ 2.2—2008）确定评价范围，暴露人口为评价范围居住人数：根据项目排放污染物的最远影响范围确定项目的大气环境影响评价范围，即以排放源为中心点，以 $D_{10\%}$ 为半径的圆或 $2 \times D_{10\%}$ 为边长的矩形作为大气环境影响评价范围；当最远距离超过 25 km 时，确定评价范围为半径 25 km 的圆形区域或边长 50 km 的矩形区域。

4.2.2.2　大气污染农业损失实物量

大气污染造成的农业污染损失实物量为在当地环境质量下的农作物减产量。农作物减产量的计算公式为：

$$R_i = a_i S_i Q_i$$

式中，a_i —— 环境污染引起 i 种农作物减产的百分数（暴露-反应关系）；

S_i —— i 种农作物的种植面积，hm^2；

Q_i —— 对照点 i 种农作物的单位面积产量，kg/hm^2。

大气污染农作物损失实物量的核算关键是确定农作物减产暴露-反应关系。1982 年孔庆芳等研究了包钢大气氟污染对周边农牧业生产情况的影响，从而确定大气氟浓度阈值，研究表明小麦、大麦正常生长的大气氟阈值为 2 μg/（$dm^2 \cdot d$），高粱、玉米正常生长的大气氟阈值为 2 μg/（$dm^2 \cdot d$）。1983—1986 年，采用野外开顶式熏气系统装置和 CSTR 熏气系统，选择对 SO_2 和 HF 敏感性不同的 18 种植物，研究了植物急性伤害阈值，其中 HF 对不同类型植物的急性伤害阈值如表 4-15 所示，将污染物对农作物的减产阈值剂量定义为在农作物减产 5%时的污染物剂量。

表 4-15　HF 对不同类型植物的急性伤害阈值

时间/h	植物产生 5%可见伤害所需质量浓度/（mg/m^3）		
	敏感性	中等敏感性	抗性
1	0.059～0.085	0.127～0.237	>0.915
2	0.043～0.071	0.105～0.111	>0.785
4	0.038～0.066	0.079～0.083	>0.653
6	0.036～0.059	0.063～0.072	>0.602
8	0.012～0.043	0.059～0.065	>0.161

我国“六五”到“八五”期间将酸雨列入国家重点科研课题，开展了 SO_2、酸雨污染对农作物产量影响的盆栽实验，研究了酸雨对农作物影响的暴露-反应关系。研究得到减产阈值以及不同 SO_2 浓度和 pH 值的减产率，得到 SO_2 浓度和 pH 值对农作物减产的暴

露-反应关系，见表 4-16、表 4-17。

表 4-16　SO_2、酸雨污染对农作物减产剂量阈值

农作物	SO_2/（mg/m^3）	酸雨 pH	SO_2与酸雨复合污染	
			SO_2/（mg/m^3）	酸雨 pH
水稻	0.457	—	—	—
小麦	0.186	4.44	0.166	4.46
大麦	0.140	4.59		
棉花	0.199	4.37	0.176	4.63
大豆	0.174	4.49	0.157	4.54
油菜	0.098	5.01	0.114	4.79
胡萝卜	0.093	5.04	0.120	4.46
番茄	0.134	4.36	0.079	4.63
菜豆	0.072	5.25	0.096	4.93

表 4-17　SO_2、酸雨污染对农作物产量影响的暴露-反应关系

农作物	SO_2/（mg/m^3）	酸雨 pH	SO_2（mg/m^3）与酸雨 pH 复合污染
水稻	$0.109\,6X_1$		$0.029\,2+0.179\,3X_1-0.001\,82X_2$
小麦	$0.269\,1X_1$	$0.275\,9-0.049\,3X_2$	$0.246\,1+0.301\,7X_1-0.043\,949X_2$
大麦	$0.358\,3X_1$	$0.241\,3-0.043\,1X_2$	$0.249+0.450\,8X_1-0.044\,466X_2$
棉花	$0.251\,6X_1$	$0.226\,7-0.040\,5X_2$	$0.290\,6+0.283\,1X_1-0.051\,886X_2$
大豆	$0.287\,8X_1$	$0.153\,2-0.027\,3X_2$	$0.263\,2+0.319\,1X_1-0.047X_2$
油菜	$0.508X_1$	$0.473\,9-0.084\,6X_2$	$0.345\,7+0.439\,2X_1-0.061\,724X_2$
胡萝卜	$0.539\,6X_1$	$0.496\,3-0.088\,6X_2$	$0.291\,6+0.417\,1X_1-0.052\,064X_2$
番茄	$0.374X_1$	$0.225\,2-0.040\,2X_2$	$0.166\,4+0.365\,2X_1-0.029\,11X_2$
菜豆	$0.589\,9X_1$	$0.799-0.142\,7X_2$	$0.424+0.757\,4X_1-0.075\,712X_2$

注：X_1—SO_2质量浓度，mg/m^3；X_2—pH 值。

4.2.2.3　大气污染清洁费用增加实物量

清洁费用增加主要核算家庭清洁增加费用及清洁物耗能耗增加费用。清洁费用增加的实物量按照稀土矿区居民人口数量核算。

4.3　稀土资源开发固体废物实物量核算

在开采环节，南方离子型中重稀土矿采矿工艺采用原地浸矿，主要污染物为淋出液，可忽略固体废物污染。北方开采环节有贫矿和废石排放。南方无选矿环节，北方有选矿环节，有大量尾矿、高炉渣等污染物。南方离子型稀土冶炼排放酸溶渣，北方轻稀土在冶炼过程中产生水浸渣。

4.3.1　治理成本法

核算指标为：贫矿和废石、尾矿、酸溶渣、水浸渣以及高炉渣的排放量。稀土企业固体废物排放量见表 4-18。

表 4-18　稀土企业固体废物排放量　　单位：t/a

尾矿	酸溶渣	水浸渣	高炉渣	贫矿和废石

资料来源：普查数据、统计年鉴、企业调查等。

4.3.2　污染损失法

固体废物主要以尾矿、高炉渣等为主，尾矿等固体废物的产生和排放需要修建尾矿库贮存，占用大量的土地，同时常年贮存，造成周边土地浪费，从而影响群众的生产和生活。固体废物占地实物量为贫矿和废石、尾矿、高炉渣、酸溶渣以及水浸渣的占地面积。

4.4　稀土资源开发生态破坏实物量核算

稀土矿开采中，生态破坏主要表现为占用林地、草地和农田等生态系统，造成不同植被服务价值的降低。根据南北方不同稀土开采工艺，确定稀土资源开发生态破坏实物量如表 4-19 所示。

表 4-19　生态破坏实物量

<table>
<tr><th colspan="2">北方</th><th colspan="2">南方</th></tr>
<tr><th>废弃矿山</th><th>现有矿山</th><th>废弃矿山</th><th>现有矿山</th></tr>
<tr><td rowspan="4">复垦面积</td><td>破坏地下水资源量</td><td rowspan="4">复垦面积</td><td rowspan="2">水土流失面积</td></tr>
<tr><td>破坏林地面积</td></tr>
<tr><td>破坏草原面积</td><td rowspan="2">植被破损面积</td></tr>
<tr><td>破坏农田面积</td></tr>
</table>

核算数据来源：废弃矿山面积，占用林地、草原和农田面积，水土流失面积，数据来源于实地调研数据或遥感影像。

第5章 稀土资源开发生态环境价值量核算

5.1 稀土资源开发水污染价值量核算

5.1.1 治理成本法

水污染虚拟治理成本是指对排放至水体中的污染物进行完全消除所需要的成本，虚拟治理成本计算公式为：

$$C_{水}=\sum_{i=1}^{n}\overline{C}_i\times P_i$$

式中，$C_{水}$ —— 水污染治理成本；

$\overline{C}_i$ —— 每种污染物的单位治理成本；

P_i —— 污染物产生量；

i —— 各类水污染物，如COD、氨氮、氟化物、总氮、石油类等。

对于稀土行业来说，由于缺乏主要水污染物排放量的统计，可以用废水指标表征水污染物。

水污染单位治理成本的确定主要有两种方法：一是通过调查或实验获取。通过调查企业消除污染物的数量和成本计算污染物的单位治理成本，或者通过试验得到不同消除工艺处理单位污染物需要的成本。二是根据污染物去除量和实际治理成本的环境统计数据，用模型公式估计出各种污染物的单位治理成本。

5.1.2 污染损失法

5.1.2.1 水污染对人体健康的影响

水污染对人体健康的影响主要有生物性污染和化学性污染两种，污染物可以通过饮用水而使人群感染或发生急性和慢性中毒，也可以通过水生食物链或污水灌溉污染粮食和蔬菜等过程危害人群。计算水污染对人体造成的影响可以运用人力资本法。针对水污染造成的三种疾病，即癌症、肝肿大和肠道疾病，本书计算人体健康价值损失，计算公式如下：

$$S=\left\{P\sum_{i=1}^{n}\left[T_i(L_i-L_{0i})\right]+\sum_{i=1}^{n}\left[Y_i(L_i-L_{0i})\right]+P\sum_{i=1}^{n}\left[H_i(L_i-L_{0i})\right]\right\}M$$

式中，S——水污染对人体健康的损失值，亿元/a；

P——人力资本（采用人均工资），元/（a·人）；

M——污染覆盖区域内人口数，亿人；

T_i——三种疾病患病人均丧失劳动时间，a；

Y_i——三种疾病患者平均医疗护理费用，元/人；

H_i——三种疾病患者陪床人员的平均误工时间，a；

L_i，L_{0i}——分别为污染区和清洁区三种疾病的发病率，人/（10 万人·a）。

5.1.2.2 水污染对农业生产的影响

稀土资源开发活动污染水体对农作物造成的影响，可借助污水灌溉的研究成果，即根据统计资料获取废水灌溉导致的土地粮食减产幅度和当地种植业产值的关系，分析污染水体对农业造成的损失。计算方法如下：

$$M_{\mathrm{n}}=D_{\mathrm{l}}\times V_{\mathrm{z}}\times\frac{Q_{\mathrm{w}}}{Q_{\mathrm{t}}}$$

式中，M_{n}—— 水污染对农业影响的损失；

D_{l}—— 废水灌溉的土地粮食减产幅度；

V_{z}—— 种植业产值；

Q_{w} 和 Q_{t}—— 分别为稀土行业废水排放量和工业废水总排放量。

5.2　稀土资源开发大气污染价值量核算

5.2.1　治理成本法

与水污染治理成本核算过程一致，大气污染虚拟治理成本（$C_{气}$）计算公式为：

$$C_{气} = \sum_{j=1}^{m} \overline{C}_j \times P_j$$

式中，j —— 稀土资源开发过程中产生的各种大气污染物，包括 SO_2、氮氧化物、烟尘、氟化物和氯化氢等；

$\overline{C}_j$ —— 每种大气污染物的单位治理成本；

P_j —— 每种大气污染物产生量。

5.2.2　污染损失法

5.2.2.1　大气污染健康价值量

评估大气污染对人体健康危害的经济损失，西方发达国家倾向于使用支付意愿法（WTP），在非完全市场经济的发展中国家，研究方法通常采用疾病成本法、修正的人力资本法和采用比例法分离货币化等三种方法。

（1）疾病成本法（医疗费用法）

疾病成本法或医疗费用法是指通过治疗疾病花费的费用来计量患病造成的直接经济损失，包括医疗费用、病人和陪护人员的工作日损失费用。

1）医疗费用

包括床位费、药费、手术费和检查治疗费，数据来自《中国卫生统计年鉴》。

2）病人和陪护人员的工作日损失费用

数据来自《中国卫生统计年鉴》，病人与陪护人员的工作损失日按出院者平均住院日计。

污染引起的相关疾病的住院费用计算公式为：

$$C_{\mathrm{eh}} = P_{\mathrm{eh}} C_{\mathrm{h}} + P_{\mathrm{eh}} W C_{\mathrm{wd}}$$

式中，C_{eh} —— 相关疾病住院成本，万元；

P_{eh} —— 现状大气污染水平下造成的超住院人次（包括呼吸系统疾病和心血管疾

病），万人；

C_h —— 相关疾病的医疗费用，元，数据来自《中国卫为生统计年鉴》；

W —— 病人和陪护人员的工作损失日，以住院天数为计，数据来自《中国卫生统计年鉴》，d；

C_{wd} —— 人均 GDP，元/d。

（2）修正的人力资本法

人力资本是指体现在劳动者身上的资本，主要包括劳动者的文化知识和技术水平以及健康状况。在估算大气污染引起过早死和慢性疾病引起的失能调整年的经济损失时，应用人均 GDP 作为一个统计生命年对 GDP 贡献的价值。

1）污染引起的过早死亡的经济损失

$$C_{ed} = P_{ed}\sum_{i=1}^{t}\mathrm{GDP}_{pci}^{pv}$$

式中，C_{ed} —— 过早死亡的经济损失，万元；

P_{ed} —— 由于污染引起的超死亡人数，万人；

t —— 平均损失寿命年，a；

GDP_{pci}^{pv} —— 第 i 年的人均 GDP 现值，元/a。

$$\mathrm{GDP}_{pci}^{pv} = \frac{\mathrm{GDP}_{pci}}{(1+r)^i} = \frac{\mathrm{GDP}_{pc0}(1+\alpha)^i}{(1+r)^i}$$

式中，r —— 社会贴现率；

α —— 人均 GDP 增长率；

GDP_{pci} —— 第 i 年人均 GDP；

GDP_{pc0} —— 基准年人均 GDP。

修正后的人力资本 HC_m，即考虑未来贴现后的人均 GDP 为：

$$\mathrm{HC}_m = \frac{C_{ed}}{P_{ed}} = \mathrm{GDP}_{pc0}\sum_{i=1}^{t}\frac{(1+\alpha)^i}{(1+r)^i}$$

若计算全死因死亡人数，平均损失寿命 t 取 18 年；根据《中国环境经济核算技术指南》，我国呼吸系统疾病、心脏病、脑血管疾病死亡的总平均损失寿命 t 分别为 16.68 a、18.15 a 和 18.03 a，文献研究肺癌平均损失寿命 t 为 6.23 a。建议的贴现率 r 取 8%，人均 GDP 增长率取 7%。

2）慢性疾病引起的失能调整年的经济损失

$$C_{\text{cb}} = \gamma P_{\text{cb}} \sum_{i=1}^{t} \text{GDP}_{\text{pc}i}^{\text{pv}}$$

式中，C_{cb} —— 慢性疾病引起的失能调整年经济损失，万元；

P_{cb} —— 由于污染引起的新发病例人数，万人；

t —— 慢性疾病引起的平均损失寿命年，取 23 a；

$\text{GDP}_{\text{pc}i}^{\text{pv}}$ —— 第 i 年的人均 GDP 现值，元/a；

γ —— 慢性疾病失能损失系数，以慢性支气管炎为大气污染引起的慢性疾病健康终端的对象，γ 取 0.382 6。

（3）采用比例法分离货币化

在评价区域内的大气污染引起健康损失包括过早死亡经济损失、呼吸系统疾病和心血管疾病医疗费用以及慢性疾病引起的失能调整年的经济损失，利用排放比例法将稀土企业污染源产生的人体健康损失从大气污染总健康损失中进行分离。

$$C_{\text{RE}} = \alpha \left(C_{\text{eh}} + C_{\text{ed}} + C_{\text{cb}} \right)$$

式中，C_{RE} —— 稀土行业造成的大气污染健康损失，万元；

α —— 稀土行业大气污染物占总空气污染的比例。

研究中采用的评价因子为 PM_{10}，因此α代表稀土行业排放的大气污染物占到评价区域大气污染物的比例。

$$\alpha = \frac{\text{稀土行业工业废气排放量}}{\text{评价地区总工业废气排放量}}$$

另外，在无法确定污染物与疾病的暴露关系的情况下，很多研究者选择对污染区和清洁区的对比，来粗略反映污染导致的健康损失，其前提是假设污染区与清洁区除所考虑的污染因子的浓度不同外其他均相同。计算公式如下：

$$C_n = \left[P\left(L_i - L_{\partial i}\right) T_i + Y_i \left(L_i - L_{\partial i}\right) + P\left(L_i - L_{\partial i}\right) H_i \right] M$$

式中，C_n —— 人力资本；

P —— 人均净产值或人均 GDP；

M —— 污染区覆盖的人口数；

T_i —— 第 i 种疾病患者耽误的劳动时间；

Y_i —— 第 i 种疾病患者平均医疗护理费；

H_i —— 第 i 种疾病患者陪床人员平均误工时间；

L_i 和 $L_{\partial i}$ —— 分别为评估区和符合环境标准区 i 种疾病发病率。

5.2.2.2 大气污染农田价值量

利用比例法分离货币化的稀土行业空气污染农田损失，首先计算评价区域内大气污染物下农作物减产经济损失，然后利用稀土企业 SO_2 排放量占 SO_2 总排放量占比，剥离出稀土行业大气污染造成的经济损失。

$$E_C = \sum R_i \times C_i$$

式中，E_C —— 大气污染引起的农作物经济损失；

C_i —— 单位面积 i 类农作物的市场价格，数据来自《中国农业发展报告》或《中国农业统计年鉴》。

$$E_{CR} = \beta E_C$$

式中，E_{CR} —— 稀土行业大气污染农田损失；

β —— 行业大气污染物占评价范围总污染物的比例，β = 稀土行业 SO_2 工业排放量/评价区域 SO_2 工业排放量。

5.2.2.3 大气污染增加清洁费用价值量

大气污染造成的清洁费用增加价值量包括矿区居民的清洁增加费用以及增加的物耗费用，价值量计算公式如下：

$$S_C = P_C W_C T_Z$$

式中，S_C —— 大气污染清洁增加费用，万元；

P_C —— 矿区居民数量，人；

W_C —— 人均工资，数据来源于国家统计局；

T_Z —— 增加清洁的时间，根据文献研究，增加的清洁时间为 9～15 d。

$$L_C = P_C T_M$$

式中，L_C —— 增加物耗费，万元；

T_M —— 每人一年多支出的物耗、能耗费用。

根据辽宁省环境保护研究所《环境污染经济损失的理论研究和定量化研究》中的研究成果：因大气污染，每人暴露在室外 1 h，则一年多支出的洗衣能耗、物耗费用是 11.1 元，同时人群室外滞留时间加权平均值为 4 h/人（1989 年）。假设室外滞留时间不变，计算其他年份的一年多支出洗衣消耗费用可根据居民消费价格指数调整。

5.3　稀土资源开发固体废物价值量核算

5.3.1　治理成本法

固体废物的虚拟处理成本计算公式为：

$$C_{固} = \sum_{k=1}^{n} \overline{C}_k \times P_k$$

式中，$C_{固}$ —— 固体废物治理成本；

$\overline{C}_k$ —— 每种固体废物的处置成本；

P_k —— 尾矿排放量；

k —— 各类固体废物，如尾矿、酸溶渣和水浸渣、贫矿和废石等。

其中尾矿、酸溶渣和水浸渣属于低放射性固体废物，单位处置成本等于单位贮存成本，可由废物暂存库建设投资费用获得，贫矿和废石单位处置成本可根据综合利用成本计算。

5.3.2　污染损失法

土地用于种植农作物、植树造林等每年将获得一定的收益，而堆放固体废物则失去了这项使用价值。这部分的经济损失采用“机会成本法”加以核算。即将种植农作物等获得的效益将作为固体废物占用土地造成的经济损失。计算公式为：

$$L_{当年} = \sum_{i=1}^{n} E_i \cdot S_i$$

式中，$L_{当年}$ —— 固体废物占地当年造成的经济损失，万元；

E_i —— 第 i 种土地类型每年生产作物的经济价值系数，万元/hm^2；

S_i —— 当年固体废物贮存、排放占用第 i 种土地类型的面积，hm^2。

固体废物占用土地具有长期性，因此其带来的损失需要考虑长期效应。在此，假定土地被占用后就永远丧失了其作为生产作物使用功能的机会。计算时考虑价值贴现问题，则占地总损失计算方法为：

$$L_{总} = L_{当年} + \frac{L_{当年}}{1+\gamma} + \frac{L_{当年}}{(1+\gamma)^2} + \cdots + \frac{L_{当年}}{(1+\gamma)^{\infty}}$$

式中，$L_{总}$——固体废物占地损失的长期累积现值，万元；

γ——贴现率。

设$\alpha=\dfrac{1}{1+\gamma}$，则

$$L_{总}=\frac{L_{当年}}{1-\alpha}=\frac{1}{1-\alpha}\sum_{i=1}^{n}(E_i\cdot S_i)$$

假定贴现率取为8%。则固体废物占地造成的损失长期累积现值为：

$$L_{总}=13.5\sum_{i=1}^{n}(E_i\cdot S_i)$$

为确定第 i 种土地类型每年生产作物的经济价值系数 E_i，将固体废物贮存和堆放占用的土地类型划分为农田、山地、草原和建设场地。

（1）农田

根据农田种植作物的种类，将农田划分为水田、旱田、菜田和经济作物田地四种。水田采用稻谷的产量与价格计算土地的经济价值；旱田以小麦和玉米的产量和价格计算；菜田以蔬菜的产量和价格计算；经济作物田地以花生的产量和价格作为计算依据。在计算时，对以上四种类型的农田面积取权重后加和，计算出农田的经济价值系数。根据全国各种农田类型的面积，计算出我国农田平均经济价值为 1 330 元/亩①，即 2 万元/hm^2。

（2）山地（丘陵）

山地是指海拔 200 m 以上的高地。山地的土地经济价值以木材产量和木材的价格进行衡量。按木材年亩产量 2.0 m^3、木材价格 450 元/m^3 计算，山地的土地经济价值为 900 元/亩，即 1.35 万元/hm^2。

（3）草原

以载畜量的市场价格衡量草原的经济价值。载畜量指放牧季节内，以放牧为基本利用方式而又放牧适度的情况下，单位草原面积上所放牧家畜头数与放牧时间。按单位面积载畜量 0.032 标准羊/亩（根据 2012 年内蒙古 33 个牧业旗天然草原冷季可食牧草储量及适宜载畜量的通报统计）、羊的价格 200 元/只计算，草原的经济价值为 6.38 元/亩。

（4）建设场地

假定占地都属于非农田，转化为新增建设用地的机会成本，取全国有偿使用费征收

① 1 亩=1/15 hm^2。

标准平均值为 53 元/m^2。

5.4　稀土资源开发生态破坏价值量核算

5.4.1　治理成本法

采用治理成本法对稀土资源开采矿山的生态破坏成本价值量进行计算。

（1）北方现有矿山的生态破坏价值量

$$V_{nl}=S_{nl}\times C_{nl}$$

$$V_{nc}=S_{nc}\times C_{nc}$$

$$V_{nn}=S_{nn}\times C_{nn}$$

$$V_{ns}=S_{ns}\times C_{ns}$$

式中，V_{nl}，V_{nc}，V_{nn}，V_{ns} —— 分别为北方矿山林地破坏价值量、草地破坏价值量、农田破坏价值量和水土流失损失价值量；

S_{nl}，S_{nc}，S_{nn}，S_{ns} —— 分别为林地破坏面积、草地破坏面积、农田破坏面积和水土流失面积；

C_{nl}，C_{nc}，C_{nn}，C_{ns} —— 分别为单位面积造林成本、单位面积草原恢复成本、单位面积农田恢复成本和单位面积水土流失治理成本。

（2）南方现有矿山的生态破坏价值量

$$V_{ss}=S_{ss}\times C_{ss}$$

$$V_{sz}=S_{sz}\times C_{sz}$$

式中，V_{ss} 和 V_{sz} —— 分别为南方矿山水土流失损失价值量和植被破坏价值量；

S_{ss} 和 S_{sz} —— 分别为水土流失面积和植被破坏面积；

C_{ss} 和 C_{sz} —— 分别为单位面积水土流失治理成本和单位面积植被破坏恢复成本。

其中，单位面积复垦费用、单位面积草原恢复成本、农田恢复成本、植被破坏恢复成本通过文献调研、研究报告或实地调研得到，单位水土流失治理成本由当年水土流失投资金额/当年新增水土流失面积得到。

5.4.2　污染损失法

采用污染损失法对现有矿山的环境成本价值量进行计算。开采活动破坏林地、农业和草原，不仅造成不同生态系统可提供产品的经济损失，也使生态系统的服务价值下降。生态破坏价值量损失核算可采用两种方法，即基于单位生态系统破坏面积的价值量核算和基于各生态系统服务价值的价值量核算。前者依据我国平均状态下的生态服务功能价值单价，对数据要求低，计算过程相对简单，在数据欠缺的情况下，推荐使用该方法；后者逐一计算不同生态系统在涵养水源、保育土壤、固碳释氧、积累营养物质、净化大气环境、森林防护、生物多样性保护和游憩等方面价值，计算方法对数据要求较高，但计算结果相对精确，在计算要求高和数据可获得的情况下，推荐使用此方法。

5.4.2.1 基于单位生态系统破坏面积的价值量核算

参考 Costanza 等研究成果，谢高地等根据我国实际情况制定了我国不同陆地生态系统单位面积生态服务价值表。基于 Costanza 的生态系统服务价值理论，结合谢高地等制定的我国平均状态的生态系统服务价值表（表 5-1），可以估算稀土资源开发破坏生态系统而导致其服务价值的损失，其估算公式为：

$$\mathrm{ESV}=\sum_{i=1}^{n}\mathrm{VC}_i \times A_i$$

式中，ESV —— 稀土资源开发生态破坏总价值，元；

A_i —— 稀土开发破坏 i 类生态系统类型的面积，hm^2；

VC_i —— 不同类型生态系统单位面积服务价值，元/hm^2；

n —— 生态系统类型数目。

表 5-1 中国不同陆地生态系统单位面积生态服务价值 单位：元/hm^2

生态系统功能	耕地	林地	草地	水域	未利用地
气体调节	442.4	3.97	707.9	0	0
气候调节	787.5	2 389.1	796.4	407	0
水源涵养	530.9	2 831.5	707.9	18 033.2	26.5
土壤形成与保护	1 291.9	3 450.9	1 725.5	8.8	17.7
废物处理	1 451.2	1 159.2	1 159.2	16 086.6	8.8
生物多样性保护	628.2	2 884.6	964.5	2 203.3	30.8
食物生产	884.9	88.5	265.5	88.5	8.8
原材料	88.5	2 300.6	44.2	8.8	0
娱乐文化	8.8	1 132.6	35.4	3 840.2	8.8
总计	6 114.3	19 334	6 406.5	40 676.4	371.4

来源：赵同谦. 中国陆地生态系统服务功能及其价值评价研究[D]. 北京：中国科学院生态环境研究中心，2004.

5.4.2.2　基于生态系统地面实地观测或生态统计的价值量核算

（1）水源涵养价值

水源涵养损失量可用下式计算：

$$M_{\mathrm{w}} = S \times (P - E - C) / 1\,000$$

式中，M_{w} —— 水源涵养功能，m^3/a；

P —— 降水量，mm/a；

E —— 植被蒸散量，mm/a；

C —— 地表径流量，mm/a；

S —— 破坏面积，m^2。

$$U_{\mathrm{w}} = V_{\mathrm{w}} \times M_{\mathrm{w}}$$

式中，U_{w} —— 水源涵养价值，元/a；

V_{w} —— 涵养水源的单位价值。

利用影子工程法进行计算，用水利工程建造运行费用替代植被涵养水源量的价值，据 1993—1999 年《中国水利年鉴》平均水库库容造价为 2.17 元/m^3，计算其他年份的库容造价需采用价格指数进行调整；2007 年全国各大中城市的居民用水价格的平均值为 2.09 元/m^3，其他年份采用价格指数调整。

（2）保育土壤——固土保肥价值

$$G_{固土}=S \times (X_2-X_1)$$

$$G_{\mathrm{N}}=S \times N \times (X_2-X_1)$$

$$G_{\mathrm{P}}=S \times P \times (X_2-X_1)$$

$$G_{\mathrm{K}}=S \times K \times (X_2-X_1)$$

式中，$G_{固土}$ ——年固土量，t/a；

X_1 —— 生态破坏区的现实土壤侵蚀量，t/（$hm^2 \cdot a$）；

X_2 —— 基准参考区的现实土壤侵蚀量，t/（$hm^2 \cdot a$）；

G_{N} —— 减少的氮流失量，t/a；

G_{P} —— 减少的磷流失量，t/a；

G_{K} —— 减少的钾流失量，t/a；

N —— 土壤含氮量，%；

P —— 土壤含磷量，%；

K—— 土壤含钾量，%；

S—— 稀土开采导致的生态破坏面积，m^2。

$$U_{固土} = G_{固土} C_{土} / \rho$$

$$U_{肥} = \frac{G_N C_1}{R_1} + \frac{G_P C_1}{R_2} + \frac{G_K C_2}{R_3}$$

式中，$U_{固土}$——年固土价值，元/a；

$U_{肥}$——年保肥价值，元/a；

$C_{土}$—— 挖取和运输单位体积土方所需费用，元/m^3，取 12.6 元/m^3（2002 年），其他年分价格指数调整；

ρ—— 林地土壤容重，t/m^3；

R_1—— 磷酸二铵化肥含氮量，取 14.0%；

R_2—— 磷酸二铵化肥含磷量，取 15.01%；

R_3—— 氯化钾化肥含钾量，取 50.0%；

C_1—— 磷酸二铵化肥价格，元/t，数据来源《中国农业信息》；

C_2—— 氯化钾化肥价格，元/t，数据来源《中国农业信息》。

（3）固碳释氧价值

$$G_{植被固碳} = 1.63 R_{碳} \times S \times B_{年}$$

$$G_{土壤固碳} = S \times F_{土壤}$$

$$G_{氧气} = 1.19 S \times B_{年}$$

式中，$G_{植被固碳}$—— 植被年固碳量，t/a；

S—— 植被面积，hm^2；

$R_{碳}$—— CO_2 中碳的含量，为 27.27%；

$B_{年}$——年植被净生产力，t/（hm^2·a）；

$G_{土壤固碳}$—— 土壤年固碳量，t/a；

$F_{土壤}$—— 单位面积植被土壤年固碳量，t/（hm^2·a）；

$G_{氧气}$——年释氧量，t/a。

$$U_{碳} = C_{碳} \left(G_{碳} + G_{土壤固碳} \right)$$

$$U_{氧} = C_{氧} G_{氧气}$$

式中，$U_{碳}$ —— 植被年固碳价值，元/a；

$C_{碳}$ —— 固碳价格，元/t，采用瑞典的碳税率每吨 150 美元；

$C_{氧}$ —— 氧气价格，元/t，数据来源中国华人民共和国卫生部网站氧气价格；

$U_{氧}$ —— 植被年释氧价值，元/a。

（4）累积营养物质价值

$$G_{氮} = S \times N_{营养} \times B_{年}$$

$$G_{磷} = S \times P_{营养} \times B_{年}$$

$$G_{钾} = S \times K_{营养} \times B_{年}$$

式中，$G_{氮}$ —— 固氮量，t/a；

$G_{磷}$ —— 固磷量，t/a；

$G_{钾}$ —— 固钾量，t/a；

$N_{营养}$ —— 氮元素含量，%；

$P_{营养}$ —— 磷元素含量，%；

$K_{营养}$ —— 林木钾元素含量，%。

$$U_{营养} = \frac{G_{氮}C_1}{R_1} + \frac{G_{磷}C_1}{R_2} + \frac{G_{钾}C_2}{R_3}$$

式中，$U_{营养}$ —— 林分年营养物质积累价值，元/a；

R_1 —— 磷酸二铵化肥含氮量，%；

R_2 —— 磷酸二铵化肥含磷量，%；

R_3 —— 氯化钾化肥含钾量，%；

C_1 —— 磷酸二铵化肥价格，元/t；

C_2 —— 氯化钾化肥价格，元/t。

（5）净化大气环境价值

$$G_{负离子} = 5.256 \times 10^{15} \times Q_{负离子} SH / L$$

$$G_{二氧化硫} = Q_{二氧化碳} S$$

$$G_{氟化物} = Q_{氟化物} S$$

$$G_{氮氧化物} = Q_{氮氧化物} S$$

$$G_{重金属} = Q_{重金属} S$$

$$G_{滞尘} = Q_{滞尘} S$$

式中，$G_{负离子}$—— 植被年提供负离子个数，个/a；

$Q_{负离子}$—— 负离子浓度，个/cm^3；

H—— 植被高度，m；

L—— 负离子寿命，min；

S—— 稀土开采导致的生态破坏范围面积，m^2；

G_{SO_2}、$G_{氟化物}$、$G_{氮氧化物}$、$G_{重金属}$—— 植被年吸收 SO_2、氟化物、氮氧化物、重金属量，t/a；

Q_{SO_2}、$Q_{氟化物}$、$Q_{氮氧化物}$、$Q_{重金属}$—— 单位面积植被吸收 SO_2、氟化物、氮氧化物、重金属量，kg/（hm^2·a）；

$G_{滞尘}$—— 林分年滞尘量，t/a；

$Q_{滞尘}$—— 单位面积林分年滞尘量，kg/（hm^2·a）。

$$U_{负离子} = G_{负离子} K_{负离子} \left(Q_{负离子} - 600\right)$$

$$U_{SO_2} = G_{SO_2} K_{SO_2}$$

$$U_{氟化物} = G_{氟化物} K_{氟化物}$$

$$U_{氮氧化物} = G_{氮氧化物} K_{氮氧化物}$$

$$U_{重金属} = G_{重金属} K_{重金属}$$

$$U_{噪声} = G_{噪声} K_{噪声}$$

$$U_{滞尘} = G_{滞尘} K_{滞尘}$$

式中，$U_{负离子}$、U_{SO_2}、$U_{氟化物}$、$U_{氮氧化物}$、$U_{重金属}$、$U_{噪声}$、$U_{滞尘}$—— 林分年提供负离子、吸收 SO_2、氟化物、氮氧化物、重金属、降低噪声和滞尘价值，元/a；

$K_{负离子}$、K_{SO_2}、$K_{氟化物}$、$K_{氮氧化物}$、$K_{重金属}$、$K_{噪声}$、$K_{滞尘}$—— 单位面积吸收负离子、SO_2、氟化物、氮氧化物、重金属、降低噪声和滞尘价值，分别取 5.818 5 元/（10^{18}·个），1.20 元/kg，0.69 元/kg，0.63 元/kg，重金属（铅及化合物 30.00 元/kg，镉及化合物 20.00 元/kg，镍及化合物污 4.62 元/kg，锡及化合物 2.22 元/kg），降尘清理费用为 0.15 元/kg，降低噪声费用 400 000 元/km。

（6）防护价值

$$U_{防护} = S \times Q_{防护} \times C_{防护}$$

式中，$U_{防护}$—— 防护价值，元/a；

$Q_{防护}$—— 由于农田防护林、防风固沙林等森林存在增加的单位面积农作物、牧草等年产量，kg/（$hm^2 \cdot a$）；

$C_{防护}$ —— 农作物、牧草等价格，元/kg。

（7）生物多样性保护价值

$$U_{生物} = S_{生} \times S$$

式中，$U_{生物}$ —— 植被年物种保育价值，元/a；

$S_{生}$ —— 单位面积年物种损失的机会成本，元/（$hm^2 \cdot a$）。

对于森林生态系统而言，在《森林生态系统服务功能评估规范》（LY/T 1721—2008）中，未将森林提供的木材价值作为其生态服务功能，在本书中认为森林提供的木材产品是其生态服务价值的重要部分，因此另计算破坏林木造成的经济损失。

（8）破坏植被经济价值

$$U_{木材} = S \times \rho_{木材} \times P_{林木}$$

式中，$U_{木材}$ —— 开采造成的木材经济损失；

$\rho_{木材}$ —— 木材年生产率，参照历年《中国林业统计年鉴》；

$P_{林木}$ —— 林木价格，参照历年《中国林业统计年鉴》。

5.4.2.3　基于遥感定量计算的价值量核算

生态遥感测量计算克服了传统生态统计方法以点代面的缺点，计算结果能更加客观地反映生态系统服务价值及其空间分布。

（1）有机物质生产损失价值核算

$$M_o = \left(NPP_r - NPP_d\right) \times S \times V_1$$

式中，M_o —— 稀土开采导致的有机物质生产损失价值量，元/a；

NPP_r —— 基准参考区的植被净初级生产力，gC/（$m^2 \cdot a$）；

NPP_d —— 生态破坏区的植被净初级生产力，gC/（$m^2 \cdot a$）；

S —— 稀土开采导致的生态破坏范围面积，m^2；

V_1 —— 碳的单价，元/t。

（2）气候调节价值量损失核算

气候调节包括吸收固定 CO_2 和释放 O_2 两部分，CO_2 和 O_2 的实物量根据光合作用方程式计算。植物利用 28.3 J 的光能，吸收二氧化碳 264 g 和水 108 g，生成葡萄糖 180 g 和氧 193 g，然后再将葡萄糖转化成多糖（纤维素和淀粉）162 g。由此推算每生产 1 g 干物质可吸收固定二氧化碳 1.62 g、释放 1.2 g 的氧气。

$$M_{O_2}=1.2\left(\mathrm{NPP_r}-\mathrm{NPP_d}\right)\times S\times V_2$$

$$M_{CO_2}=1.62\left(\mathrm{NPP_r}-\mathrm{NPP_d}\right)\times S\times V_3$$

式中，M_{O_2} —— O_2 的损失价值，元/a；

M_{CO_2} —— CO_2 的损失价值，元/a；

S —— 稀土开采导致的生态破坏范围面积，m^2；

V_2 —— 工业制氧价格，元/t；

V_3 —— 固碳价格，元/t，采用瑞典的碳税率每吨 150 美元。

（3）水源涵养价值量损失核算

采用贮水转换量的方法来计算涵养水源损失量及其价值：

$$M_w=\frac{P\times R\times\left(\mathrm{ref_{fc}}-\mathrm{dam_{fc}}\right)\times S\times V_4}{100}$$

式中，M_w —— 涵养水源损失量，m^3；

R —— 100%覆盖下植被降水贮存量占植被降水量的百分比；

$\mathrm{ref_{fc}}$ —— 基准参考区的植被覆盖度，%；

$\mathrm{dam_{fc}}$ —— 生态破坏区的植被覆盖度，%；

V_4 —— 涵养水源的单位价值，元/a。

（4）土壤保持价值量损失核算

水土保持损失主要包含表土损失、土壤肥力损失、增加泥沙淤积三部分。

1）表土损失量

$$M_{ssl}=\frac{\left(\mathrm{dam_{Ac}}-\mathrm{ref_{Ac}}\right)}{10\,000\times D_s\times H_s}\times V_{ssl}$$

式中，M_{ssl} —— 表土损失价值，元/a；

$\mathrm{dam_{Ac}}$ —— 生态破坏区的现实土壤侵蚀量，t/（$hm^2\cdot a$）；

$\mathrm{ref_{Ac}}$ —— 基准参考区的现实土壤侵蚀量，t/（$hm^2\cdot a$）；

D_s —— 土壤密度，t/m^3；

H_s —— 土壤深度，m；

V_{ssl} —— 植被的土壤生产机会成本，元。

2）土壤肥力损失量（氮、磷、钾、有机质）

$$M_{fi}=\frac{\left(\mathrm{dam}_{Ac}-\mathrm{ref}_{Ac}\right)\times S\times R_{fi}\times J_i}{10\,000}\times V_{fi}$$

式中，M_{fi} —— 氮、磷、钾肥（换算成尿素、过磷酸钙和氯化钾）和土壤有机质（换算成碳）损失价值，元/a；

R_{fi} —— 土壤氮、磷、钾和有机质的百分含量，%；

J_i —— 氮、磷、钾元素和有机质转换成相应肥料（尿素、过磷酸钙和氯化钾）及碳的比率，%；

V_{fi} —— 土壤肥力损失价值，元；

S —— 破坏面积，m^2。

3）增加的泥沙淤积量

$$M_s=\frac{\left(\mathrm{dam}_{Ac}-\mathrm{ref}_{Ac}\right)\times S\times R_s}{10\,000\times D_s}\times V_s$$

式中，M_s —— 增加的泥沙淤积量，m^3；

R_s —— 泥沙淤积率，%；

V_s —— 增加泥沙淤积的价值量，元。

（5）营养物质循环价值量损失核算

以植被净初级生产力为基础，根据植被中的氮、磷、钾的质量分配率来计算。

$$M_{ni}=\left(\mathrm{NPP}_r-\mathrm{NPP}_d\right)\times S\times R_{ni}\times J_i\times V_i$$

式中，M_{ni} —— 植被的氮、磷、钾肥损失价值；

R_{ni} —— 植被中氮、磷、钾元素的含量；

J_i —— 氮、磷、钾元素转换成相应肥料（尿素、过磷酸钙和氯化钾）的比率，分别为 2.17、8.33、2.22；

V_i —— 氮、磷、钾肥的平均价值。

第6章 轻稀土资源开发生态环境成本核算：包头市

6.1 稀土资源开发利用现状

6.1.1 地理位置和地质地貌

白云鄂博主、东矿位于包头市白云鄂博区。选矿厂位于包头市包钢厂区，配套尾矿库位于选矿厂西南 4 km 的平原缓坡上西南部。

（1）白云鄂博矿区

白云鄂博矿区位于达尔罕茂明安联合旗西南部，包头市以北 149 km 处。处于阴山山系大青山山脉北部乌兰察布草原，海拔为 1 450～1 800 m，多为丘陵地形，地势走向大致为东高西低。矿区内地形趋势为中部高、四周低，相对高差为 10～30 m。

白云鄂博矿区地处蒙古高原南部，属半干旱大陆性气候区。气温日变幅和年变幅很大；蒸发旺盛，降水大多为暴雨，空气相对湿度年变化也很大，风速日变十分显著；冬季有积雪覆盖。根据白云鄂博矿区气象局 1985—1998 年气象统计资料：年平均气温 2.5℃；多年平均降雨量 248.5 mm，平均最大 24 h 暴雨量 43.3 mm，降水年内分配极不均匀，主要集中在 6—9 月，降雨量占全年的 81%；蒸发强烈，多年平均蒸发量 2 732.5 mm；区内主导风向为西北风，年平均风速 5.1 m/s，起沙风速 5.0 m/s，大于起沙风速的大风天数 101 d，大风集中在 3—5 月，且日数多，风力强劲。

矿区属内陆水系，区内地表水体不发育，亦无沟谷分布，地表降雨多以零星散布的小面积集水坑存在；或以面流形式排出区外，注入其他季节性沟谷。雨季过后，由于日照时间长，干旱多风，蒸发量大，沟谷内的小湖很快干涸。

矿区原始地貌形态类型为丘陵，分布于整个白云鄂博铁矿矿区，丘顶多呈浑圆状，边坡较缓，切割不明显，天然坡角一般为 5°～10°，地表植被发育一般。地表岩性主要为第四系上更新统至全新统冲积、残坡积物、鄂博层和元古界白云鄂博群白云岩、板岩、混合岩等。

白云鄂博主、东矿评价区域以荒漠草原植被类型等为主，在水分条件好的地段零星分布着盐生草甸植被。矿区内没有保护植物分布。

白云鄂博矿区以栗钙土、棕钙土为主体土类，约占总面积的 92.7%，呈地带性分布，非地带性土类型有草甸土、潮土、石质土与盐土，土壤质地多为沙壤、轻壤，并有不同程度的砾质化。土壤肥力普遍较低，有机质含量为 1.0%～1.8%，养分含量氮、磷较低，钾较高（图 6-1）。

根据现场调查，由于白云鄂博铁矿的露天开采活动，矿区内的绝大部分地段已失去其原有地貌景观形态，被矿山开采形成的露天采坑所代替（图 6-2）。

图 6-1　矿区原地貌形态

图 6-2　矿区现地貌形态

矿区荒漠草原植被群落结构简单，草层低矮、稀疏，多为单层结构，群落的数量特征普遍较低。天然林植被非常少，天然灌木分布范围较广一些，但多为强旱生、旱生，植株低矮。常见的野生木本植物有：臭柏、山榆、柄扁桃、小叶忍冬、草麻黄；草本植物有：麻叶荨麻、扁蓄、波叶大黄、碱蓬、碱茅、芨芨草、羊草、益母草、茵陈蒿、沙生针茅等，植被覆盖度约 40%（图 6-3）。

图 6-3　矿区土壤和植被

白云鄂博铁矿土地利用总面积为 5.565 5 km^2，其中矿区土地面积 4.308 2 km^2，矿界外的工业场地和储煤场占地面积分别为 0.013 6 km^2 和 0.009 3 km^2。根据准格尔旗土地利用现状图（图幅号为：J49G014040），将矿区土地利用情况分类，一级分类为耕地、林地、草地和工矿仓储用地；二级分类为旱地、灌木林地、有林地、其他林地、天然牧草地、其他草地和采矿用地。白云鄂博铁矿土地利用现状详见表 6-1。

表 6-1　矿区土地利用现状

一级类		二级类		面积/hm^2	比例/%
编码	名称	编码	名称		
01	耕　地	013	旱 地	0.71	0.13
03	林　地	031	有林地	9.40	1.69
		032	灌木林地	6.92	1.24
		033	其他林地	23.12	4.15
04	草　地	041	天然牧草地	422.12	75.85
		043	其他草地	66.64	11.97
06	工矿仓储用地	062	采矿用地	27.64	4.97
合计	—	—	—	556.55	100

矿区运输以铁路为主，建有直达包头的专用运输铁路，包—白铁路线总长 137 km。白云鄂博矿区东有省道 S104，沿此公路向东约 41 km 可至达尔罕茂明安联合旗旗政府所在地百灵庙镇；南有包—白公路，沿此公路向南约 150 km 可达到包头市区。矿区南距白云鄂博矿区（城区）公路约 2 km，之间有柏油公路相通，故交通较为便利。

（2）包头市

包头位于内蒙古自治区西部，地处渤海经济区与黄河上游资源富集区交汇处，是新疆、甘肃、宁夏、内蒙古经济带的东出口，西北地区与华北地区的交汇点，北部与蒙古国接壤，国境线 88 km，南临黄河，东西接沃野千里的土默川平原和河套平原，阴山山脉横贯中部。

包头的地理坐标是东经 109°16′～111°25′、北纬 41°15'～42°40′，总面积为 27 768 km^2，其中，山地占 14.49%，丘陵草原占 75.51%，平原占 10%。已开发和利用的土地中，市区面积为 150 km^2；耕地面积占土地面积比重 14.3%；森林面积 0.149 2 万 hm^2，草原面积 2.086 5 万 hm^2。

包头市位于蒙古高原的南端，阴山山脉的大青山和乌拉山呈东西走向横亘于本地区中部，将全市辖区划分为中部山岳、山北高原草地和山南平原各不相同的三种地形，形成中间高，南北低，西高东低的地势，山峰平均海拔 2 000 m，最高峰海拔 2 324 m。黄河流经包头市境内 214 km，黄河冲积平原和山前冲积平原两类地貌组成山南平原，此区域土层深厚，地势平坦，渠道纵横，市四区和上默特旗大部均位于山南平原地区。

包头市属于典型的中温带大陆性气候。其特点是：光照充足，雨热同期，昼夜温差大，降水量少，无霜期短，冬季长达 5 个多月，夏季只有 2 个月。全年日照时数在 2 955 h 左右，年平均气温 2.0～7.7℃，山南地区比山北地区约高 4℃，无霜期山南地区为 120～158 d，山北为 100～110 d，极端最高温度为 38.4℃，极端最低温度为−31.4℃，最大冻土深度 1.75 m，年均降水 175～400 mm，降水集中在每年的 6—8 月，降水量约占全年的 70%，通常情况下，山南平原地区年降水量 300～370 mm，山北年降水量只有 250 mm 左右。年均蒸发量为 2 100～2 700 mm，约为降水量的 8 倍。包头地区距蒙古高压中心近，低温干燥的西北风环流几乎终年活动在这一带上空，每年大风日约 50 d，平均风速 3.4 m/s，受地形影响，不同地区的风向和风速有较大变化，新旧市区常年主导风向为西北风，夏季主导风向为东南风。

包头境内河流最大的是黄河，它西自巴盟的乌拉特前旗入境托县，全长 214 km，平均水面宽 130～458 m，水深 1.6～9.3 m。东出呼和浩特市的托克平均流速为 1.4 m/s，最大流量 6 400 m^3/s，最小流量 48 m^3/s，是包头地区工农业生产和人民生活的主要水源，水位以 3 月和 8 月为高峰期，年平均冰封期为 113 d，届时人畜车辆均可通过。

市区内主要有昆都仑河、四道沙河、东河、西河 4 条季节性河流。昆都仑河发源于固阳县的村坤山，流经包头市区时有昆都仑水库截流防洪，年入库水量为 3.25×10^6 m³，该水库是青山区和昆区的水源地之一，昆都仑河下游纳入包钢、一化废水后汇入黄河，入黄量约为 5.0×10^7 m³/a。四道沙河位于青山区东部，上游与青山区北部防洪沟连接，主要接纳一机厂、二机厂、二电厂、九九集团、亚麻厂、明天科技、造纸厂等企业的工业废水和昆区、青山区城市生活污水及北郊、南郊污水处理厂污水，雨季兼有泄洪功能，流域全长约 18 km。为避免四道沙河对黄河画匠营子水源地的污染，包头市于 2001 年对其进行了改道工程。改道后四道沙河分为两段，上段由北向南经昌福窑子村、建设路、共青农场铁路南，向东绕过画匠营子水源地与西河汇合，最终进入黄河水。下段经共青农场由画匠营子村进入黄河。潜水主要赋存于 Q3 沉积的沙砾组地层中，靠天然降水补给，水位埋深 3～50 m。承压水赋存于 Ql-2 沉积的沙砾组地层中，水位埋深 50～120 m。在天然条件下与上层潜水无水力联系。地下水总储存 7.9×10^9 m³，年平均开采量 1.0×10^8 m³。

包头市降水量少、气候干燥，生态环境主要由北部荒漠化草原、阴山北麓农牧交错区、阴山山地、山前平原等五个生态系统组成。山前倾斜平原地区为以针茅稳子草为主的干草原生态类型，山后以草原景观区生态环境为主。

包头市总的情况是山区多，丘陵和平原少，山区天然林多，平原人工林多。天然次生林主要分布于大青山和乌拉山。主要树种有：白桦、山杨、油松、侧柏、山杏、青梅、云杉等。

包头地区草原是荒漠草原过渡的边缘地带。全市天然草地分为三类，即草甸草原类、干草地类、低地草甸类。据包头草地资源调查，全市可利用草地 1 960 km²，全部为天然草地。

6.1.2 资源储量及特点

白云鄂博矿产于元古界白云鄂博群上部的白云岩（H8）或白云岩与矽质板岩（H9）的接触处，它是由我国地质学家丁道衡于 1927 年发现的。目前是我国产量最大的稀土矿床，铁、稀土、铌、钍等多金属共生，稀土元素的配分主要以轻稀土（La～Nd）为主，其质量分数占稀土总量的 98%，中重稀土质量分数约为 2%，属典型的轻稀土矿。其矿石工业类型大致分为铁矿石稀土矿和白云岩型稀土矿两大类。稀土矿种类达 30 种，有工业利用价值的主要是独居石和氟碳铈矿。具有以下显著特点。

（1）资源储量大

稀土储量居世界第一位，铌、钍储量居世界第二位。白云鄂博矿区稀土工业储量为 4 360 t，占全国稀土储量的 81.2%，占全球稀土储量的 54.2%。白云鄂博矿矿石中的稀土元素有 90%以上呈独立矿物形式存在，4%～7% 的稀土元素分散于铁矿物和萤石中。稀土矿物主要有氟碳铈矿、氟碳钙铈矿、氟碳铈钡矿、黄河矿、镧石、氟碳钡铈矿、独居石、磷镧镨矿等，其中以氟碳铈矿及独居石为主，矿石中的稀土在这两类稀土矿物中的分布率为 73.14%～96.05%，氟碳铈矿与独居石产出比例为 6∶4～7∶3。稀土矿物粒度一般为 0.01～0.07 mm，其中小于 0.04 mm 占 70%～80%。矿石中有用矿物除稀土外，还有磁铁矿、赤铁矿、铌矿物和萤石等。主要脉石矿物为钠辉石、钠闪石、黑云母、方解石、白云石、重晶石、磷灰石、黄铁矿、长石、石英等（程建中等，2007）。

（2）资源集中，易于保护

包头市稀土矿集中在白云鄂博矿区，根据边界品位的圈定，白云鄂博矿床分为主矿、东矿、西矿、东介格勒和东部接触带等五个主要矿体，东西长 16 km 以上，南北宽约 3 km，形成一个 48 km^2 窄长的铁、铌、稀土矿化带，如图 6-4 所示。

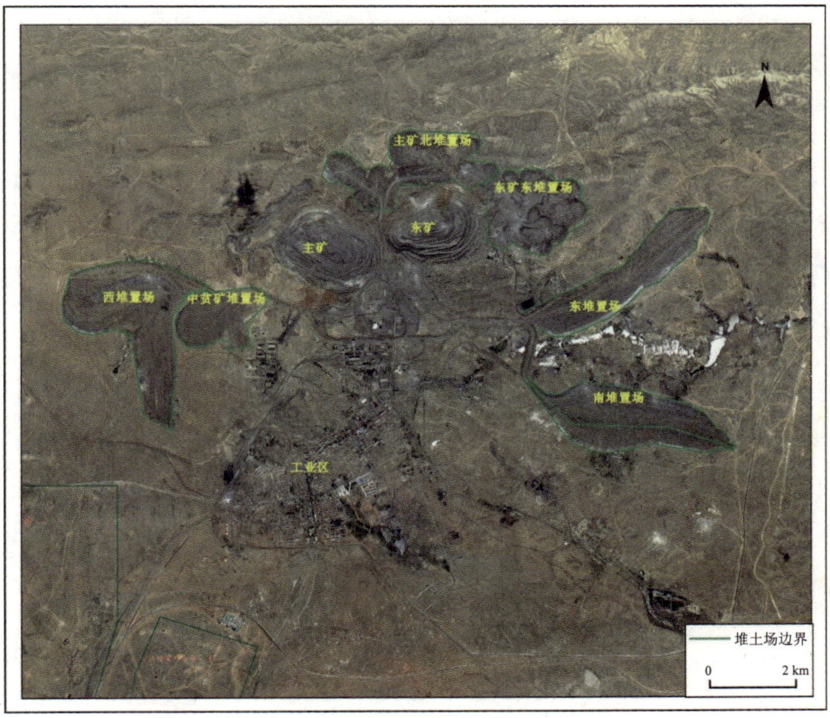

图 6-4　白云鄂博稀土矿区及排岩场

目前在矿山开采过程中的采剥岩石按稀土白云岩、废石两个品种分采、分堆，为了有效保护有用岩石，现场专设了 4 条铁路排岩专线，堆存稀土白云岩，对主矿上部高稀土中贫矿单独堆放保护。

（3）随铁采选，开采成本低

目前开发利用的是铁矿石稀土矿，在铁矿石的开发过程中稀土作为共生矿产一同采出，综合开采成本低，其中白云岩型稀土矿尚未利用。受国家限制性开采政策的影响，目前白云鄂博矿床只利用了主、东矿的部分稀土，西矿的稀土尚未开发利用，都啦哈矿区未设置采矿权。

（4）尾矿库堆存量大，资源丰富

尾矿库距包头市区 12 km，距离包钢厂区 4 km，距包兰铁路 200 m，距黄河 10 km。包钢尾矿库 1965 年 8 月投产，是平地型驻坝，尾矿库周长 13.6 km，占地约 11 km^2。尾矿库堆存近 1.8 亿 t 尾矿，富集 930 万余 t 稀土资源，以及众多其他稀有金属，是宝贵的二次资源。

6.1.3 开发利用现状

白云鄂博稀土矿开发企业只有包钢。包头钢铁（集团）有限责任公司白云鄂博铁矿（以下简称“白云鄂博铁矿”）最早于 1950 年正式勘探，1956 年进行设计、建设，1957 年正式开始露天开采。该矿初始设计方案就是采用露天开采，并延续至今，已有 50 多年的开采历史，已形成千万吨级大型金属露天矿，由火车运至包钢厂区进行选矿。

与布局分散的南方稀土相比，北方稀土集中度较高，全部分布在白云鄂博铁矿，稀土企业长期以来也是包钢集团直接控制。曾经包头有 100 多家中小企业采用土窑煅烧、土窑电解，无环保措施，随意排放“三废”（李建，2008）。2003 年，包钢整合了包头华美稀土高科有限公司、包头京瑞新材料有限公司、淄博稀土高科技有限公司三家民营企业。2007 年，包钢稀土又收购了北京三吉利公司 44%的股权。2011 年以来，通过兼并重组、关停并转，包头主要稀土冶炼分离企业基本进入包钢稀土集团，包头地区稀土产业集中度提高，骨干企业有内蒙古包钢稀土（集团）高科技股份有限公司及其子公司包头华美稀土高科有限公司、内蒙古包钢和发稀土有限公司等（吴一丁等，2012）。

（1）选矿

包钢选矿厂位于包头市昆都仑河西厂区，始建于 1958 年。1975 年建成年产 30%品位稀土精矿 2 万 t 的重选车间，1979 年采用羟肟酸类捕收剂浮选稀土矿物取得成功，1980 年建成生产品位为 55%～60%的 REO 稀土精矿的浮选间，1982 年选别 68%品位稀土精矿工业试验成功，1985 年，新型稀土捕收剂 H_2O_5 及其浮选新工艺试验成功，获得稀土精矿品位 60%，浮选作业回收率 74%（李玉刚等，2015）。

目前包钢选矿厂采用弱磁—强磁—浮选工艺生产氟碳铈—独居石混合稀土精矿（品位为 50%、55%、60%）。该工艺首先将原矿石磨至－200 目 90%～92%，通过弱磁选分选出弱磁铁精矿；弱磁选尾矿在磁场强度 1.4 T 的条件下磁粗选，赤铁矿及主要稀土矿物进入强磁粗精矿；粗选精矿经强磁精选（0.6～0.7 T），精选精矿为强磁选铁精矿，和弱磁铁精矿合并进入反浮选，去除其中的萤石、稀土等脉石矿物后得到合格的铁精矿产品。强磁中矿和强磁尾矿作为稀土选别的原料生产稀土精矿。浮选得到的稀土精矿品位为 50%～55%，作业回收率为 52.2%；稀土次精矿品位＜34%，作业回收率为 20.55%，综合作业回收率达到 72.75%，对原矿回收率为 18.37%。矿石中的稀土矿物在选铁过程中大部分进入尾矿，送入尾矿库堆存。目前尾矿库中稀土氧化物（REO）含量为 6%～7%，稀土氧化物总量超过 1 300 万 t（马莹等，2016）。

（2）冶炼

目前 90%的包头稀土精矿的冶炼工艺主要以浓硫酸高温强化焙烧法（“三代酸法”）为主，“碱法”为辅。“三代酸法”是将稀土精矿与浓硫酸按一定比例混合后在回转窑内进行高温（700～800℃）焙烧，焙烧矿再经水浸、除杂，得到产品硫酸稀土或氯化稀土。该工艺的优点是对精矿品位要求不高，工艺连续易控制，试剂消耗少，运行成本较低，易于大规模生产。该工艺的缺点是产生的“三废”治理难度大、费用高。一是产生大量的含 F 和 S 废气以及工业废水污染环境，二是钍以焦磷酸盐形式进入浸出渣，量大且无法回收，造成放射性污染和钍资源浪费。

“碱法”是将稀土精矿经酸泡、碱分解、水洗和酸溶后制得稀土酸溶液，该工艺的优点是精矿分解设备相对简单，容易加工制造，基建投资成本低；精矿分解过程中不产生含氟废气，所产生的“三废” 较浓硫酸高温强化焙烧法的容易处理。但是其缺点是烧碱价格高，用量大，运行成本高；稀土、钍、氟等比较分散，稀土等比较分散，稀土收率较酸法低，约 85%；废水量大，洗涤耗时，且 F、P 难以回收；不太适于处理稀土品位较低（REO＜50%）的混合稀土精矿。目前，仅有 10% 的包头矿采用该工艺处理（杜长顺，2010；马莹，2016）。

6.2 稀土资源开发生态环境影响

6.2.1 开采对生态环境的影响

目前包头稀土的稀土矿石来自白云鄂博矿区的主、东矿，进行传统露天开采。露天开采需要剥离覆盖在矿床上部及其周围的大量表土和岩石，并将其运送到专门设置的排土场，在对矿床上部地表植被造成严重破坏的同时，对排土场的地表植被也造成了破坏。目前开发利用的是铁矿石稀土矿，白云岩型稀土矿尚未利用。受国家限制性开采政策的影响，目前白云鄂博矿床只利用了主、东矿的部分稀土，西矿的稀土尚未开发利用。目前主、东矿未动用的大部分稀土和西矿未动用的全部稀土都进入了堆置场和尾矿库内。

（1）废水

由于白云鄂博铁矿地区严重缺水，矿区的各类污水均得到重复利用。矿坑涌水用于矿区运输道路的喷洒；检修、办公区域的生产废水和生活污水及白云化工厂的部分生产废水排入包钢白云铁矿污水厂后用于矿区道路喷洒；机修、破碎区域的生产、生活污水外供给附近的选矿厂用于选矿生产，主、东矿工业场地区域、白云化工厂的生活污水经化粪池处理后用于工业场地区域和化工厂厂区的绿化。根据采矿工艺，目前主要产生的环境影响是粉尘和固废。

（2）粉尘

白云鄂博矿区粉尘污染主要包括穿孔凿岩、爆破、采装、转载、破碎、排岩、运输等生产过程中产生的扬尘。考虑到主、东矿均已进入深凹开采，主矿矿坑深 126 m，东矿矿坑深 204 m，钻孔作业和大爆破的扬尘不会影响矿坑外的环境。主、东矿的采场均采用电铲装车、汽车运输的方法装运矿石和岩石，在装运和运输过场采取洒水等抑尘手段，没有造成大的二次扬尘影响。总之，扬尘的产生量不大且主要影响工作场所及附近的区域，对外的影响较小。

（3）固体废物

主要包括采矿废石、除尘灰、废钢、锅炉灰渣。其中除尘灰成分与矿石成分相同，且粒径较小，均作为产品外运。废钢返回机修厂作为原料。锅炉灰渣用于矿区道路的修筑。因此目前主要的固废是采矿废石。截至 2010 年，主、东矿采场由西至东南分布着 6

个排岩场，总占地面积 882.95 hm^2，其中废岩排岩场占地 605.7 hm^2，每年废岩产量为 2 136.14 t，总堆存量 24 940.8×10^4 t；白云岩排岩场占地 277.25 hm^2，每年生产量为 870.5 t，总堆存量 16 874.08×10^4 t（刘桃倩，2016）。

（4）放射性

白云鄂博矿床原矿方向性核素主要是钍，其平均含天然放射性钍 0.04%，含量超过地壳平均含量近 50 倍，可以说是典型的伴生天然放射性钍矿床。钍是一种放射性金属元素，在稀土矿采选过程中产生的粉尘中含钍，粉尘长期暴露在空气中，人体吸收放射性元素钍或钍离子后导致机体内损伤，人体器官发生病变，严重者会致死，而钍本身发生放射性，使人体受到外辐射侵害（陈兴安等，1997）。

白云鄂博含放射性元素的矿物则以氟碳饰矿和独居石为主，其中主、东矿又以氟碳饰矿为主，西矿则以独居石为主衰变也会产生外照射。开采剥离后的贫矿和废石被运到矿山周围的各大排土场堆存。1998 年 11 月，包头市 1896 管理所（辐射环境管理所）放射测试结果显示：排土场平均含钍为 0.013 5%，总α比活度为 4.31×10^3～1.03×10^4 Bq/kg，排土场γ辐射剂量率测量结果显示：白云矿区东排土场为 60.6～958.6 nGy/h，南排土场为 54.5～546.0 nGy/h，西排土场为 60.3～611.3 nGy/h，北排土场为 49. 7～599.0 nGy/h。此测量结果高于一般环境水平，说明排土场环境受到放射性污染（王其亮，1987）。

此外，白云鄂博矿区破坏了原有的土地类型，土地毁损类型主要是开采区、排土场和工矿建设用地，其中排土场和交通道路占地尤为严重。被占用的土地利用类型以草地为主。

6.2.2　选矿、冶炼对生态环境的影响

白云矿采出的矿石，在矿山破碎后，运至包钢选矿厂，稀土精矿伴随铁精矿选出，矿石中的稀土矿物在选铁过程中大部分进入尾矿，送入尾矿库堆存，不单独产生废水和废气。包头市目前共有三家稀土选矿厂，年选稀土精矿能力为 10 万 t 以（REO 计），占全国稀土矿产品产量约 54%，进入选矿厂的氧化铁矿石含稀土 6%左右，选铁后稀土品位上升到 9%～12%，经选稀土后的最终尾矿稀土品位仍为 5%左右，与未选别稀土的磁铁矿选铁尾矿混合（约 90%的稀土）排入尾矿坝，约 1%的稀土（REO）进入铁精矿（含 ThO_2 0.008%～0.01%），经高炉冶炼到高炉渣中送渣堆存（程建中，2010）。

现包头市的稀土冶炼 90%采用浓硫酸强化焙烧，生产工艺过程主要分为回转窑硫酸

强化焙烧、水浸中和、碳沉、酸溶除杂得到中间产品混合氯化稀土；萃取分离，得到单一氯化稀土、氧化稀土或稀土富集物等产品。以包头市某稀土冶炼厂为例，分析稀土冶炼废弃物的产生（王俊兰，2003；白丽娜等，2001）。

（1）废气

焙烧尾气产生于浓硫酸强化焙烧稀土精矿过程，尾气中主要污染物为硫酸雾和氢氟酸及少量的氟硅酸。根据反应原理推算，每焙烧 1 t 精矿将随尾气排出的硫酸雾约 345 kg，含氟酸 78.2 kg。根据生产实测结果，焙烧 15 t 精矿将产生 28 800 m^3 的焙烧尾气。以包头市某稀土冶炼厂为例，生产规模每小时处理 1.25 t 精矿，则产生尾气 36 000 m^3/h，尾气中硫酸雾的浓度为 11.9 g/m^3，氢氟酸的浓度为 2.7 g/m^3，在焙烧尾气中硫酸雾以 $SO_3 \cdot H_2O$ 的形式存在，氟化物是以 HF 和少量的 SiF_4 的形式存在。

（2）废水

包头某稀土公司废水的年产生总量为 78.05×10^4 t，平均每处理 1 t 稀土精矿和萃取分组相应生产的氯化稀土则产生 78.05 t 的废水。废水中各种主要污染物的浓度见表 6-2。

表 6-2　包头某稀土公司废水中主要污染物浓度　　单位：mg/L

废水名称	NH_4^+	Cl^-	SO_4^{2-}	Ca^{2+}	Mg^{2+}	F^-	pH
混合碳沉原液废水	10 100	548.3	35 780	269.9	148.4	—	6.1
萃取废水	21 150	45 110	102.3	—	—	—	0.9
单一碳沉原液废水	22 320	47 380	23.5	40.0	92.1	—	6.9
喷淋废水	—	—	11 820	398	140	1 668	1.5
混合碳沉洗涤废水	23.9	—	72.1	185.5	75.3	—	7.1
单一碳沉洗涤废水	23.4	50.1	—	147.2	58.9	—	7.2

（3）废渣

稀土焙烧矿的水浸除杂工序产生主要含铁、磷、钙等化合物的水浸渣，根据物料衡算的结果，每处理 1 t 稀土精矿，将产生 597.3 kg 的水浸中和渣，日产生水浸中和渣 22.2 t。由于渣中含有放射性钍，所以水浸渣属放射性废渣，一般放射性比活度为 4×10^4 Bq/kg。

（4）放射性

包头白云鄂博矿稀土矿还含有钍 0.04%，在开发利用中放射性钍随工业“三废”进入环境，成为包头市突出的环境污染问题。从原矿生产稀土精矿和铁精矿时，钍 56%～75%进入尾矿，尾矿γ量为 52%～58%，其余进入铁精矿和稀土精矿。由稀土粗精矿再选高品位稀土精矿时，钍 84% 进入稀土精矿，16%进入尾矿（刘鸿忠，1982）。包头市辐射环境管理处 1996—1998 年针对各种稀土生产工艺及污染源的分布，按工艺流程污染源产生的“三废”中各种放射性要素监测和调研结果表明，选矿产生的废水和建坝水平尾矿粉、稀土火法冶炼产生的废气和含放射性废渣（低于建坝标准，高于建材标准）及稀土湿法冶炼产生的废气、废水及废渣均存在放射性污染。

内蒙古包头放射性废物库建于 1985 年，贮存辖区内的放射性工业废渣及废放射源。多年来内蒙古辐射环境监督站对其周边环境的辐射状况给予了密切的关注，放射性废物库周围地下水 3 个监测点的总放射性比活度，均未超过《生活饮用水卫生标准》规定的限值，同时也在历年监测值范围内，包头放射性废物库及周边环境饮用水放射性指标是比较安全和稳定的（李欢欢等，2013）。

6.2.3　尾矿坝综合环境问题

包头尾矿库于 1965 年 8 月投入使用，专门用于堆放来自白云鄂博矿区的原矿经选矿厂选出铁精矿和稀土精矿之后的尾矿，尾矿粉以循环水冲渣方式通过露天流槽排入坝内。经过 40 多年的积累，目前尾矿坝占地 11.5 km^2，尾矿稀土约 9 930 万 t，钍约 9 万 t，是世界上最大的“稀土湖”。由于尾矿坝是平地建坝，只有尾矿流进口而没有出口，靠蒸发平衡水量（徐光宪等，2005）。经过 40 多年的沉积和水分蒸发，部分尾矿暴露于空气中，在当地强劲的西北风的作用下，扩散到周边的土壤，引发了一系列的环境问题。

（1）土壤污染

尾矿区周边土壤受到污染，耕地退化，粮食减产，牲畜和村民的健康受到威胁。有学者针对包头尾矿库区周边土壤中稀土元素的污染现状和分布特征进行了调查分析（李金霞等，2008；李艳君等，2011；郭伟等，2013）。在调研中发现，尾矿坝周边大气污染仍比较明显，周边能见度明显降低，在坝体的东南侧明显可见尾砂的降尘（图 6-5）。一方面在尾矿坝周围分布着众多炼钢、稀土、化工、电力等企业，在尾矿坝的东侧，还有热电厂的储灰坝，尾矿坝与储灰坝之间则分布着多家私营的铁、稀土选厂和冶炼厂，随意堆存的矿粉、精矿、煤炭，肆意排放的废水、尾矿在两个坝体之间形成了沼泽，对大气、水体同时造成严重的影响。另外包钢尾砂库南高、北低，四周高、中间低，低的部分为水所覆盖，周边裸露约 5.27 km^2 的尾砂在干燥之后容易扬尘。尾矿坝虽然采取了多种抑尘措施，但扬尘情况仍较为显著，另外由于尾矿坝大部分坝体采用尾矿坝筑坝，在风力作用下坝体的矿粉扬尘也对周围大气环境产生污染影响。

尾砂库裸露二滩扬尘

尾矿库尾砂库外扬尘

图 6-5　尾矿库扬尘

李金霞等 2007 年以在尾矿坝下风位 10 km 范围内大致沿西北—东南走向，按照与尾矿坝的距离由近及远选择 12 个样地，每 6 个样地组成一条样线。分析数据发现，包钢尾矿坝下风位 8～10 km 范围内土壤稀土累积明显，距离尾矿坝越近累积越严重，外源稀土主要来源于尾矿坝。

李艳君等对尾矿坝西北方向和尾矿坝坝上、坝下表层土及排水管道出口处污泥，并以远离尾矿坝的农田样品作为对照样。包钢尾矿坝及周边土壤的重金属含量均高于对照样，受到不同程度的重金属污染，其中铅、锌和铬的含量超过内蒙古不集中。尾矿坝上重金属污染严重，在当地盛行的西北风的影响下，重金属很有可能会在土壤中累积、迁移，影响周边的土壤安全。

郭伟等以包头尾矿库常年主导西北风为依据，设计垂直于主导风向的东北方位和西南方位，下风向的东南方位以及上风向的西北方位以尾矿库底边缘为起始点，由近及远分别采集 50 m、100 m、300 m 和 500 m 范围内的土壤样品各 6 个，每个方位采样 24 个，分析 La、Ce、Pr、Nd、Sm、Eu 和 Y。调查结果表明这四个方向上稀土元素含量显著高于内蒙古地区的几何平均值，且全量超标率均达到 100%，除东北方向上 500 m 处土壤稀土元素的含量高于 300 m 外，其余各个方位上土壤稀土元素的含量均随着距尾矿库边缘距离的增加而显著降低。由于包头地区常年主导风向为西北风且地势平坦开阔，外露的尾矿砂会随风飘散并沉积于主导风向的下风向，也就是东南方向，因此导致东南方向土壤中稀土元素含量最高而上风向西北方位土壤中稀土元素含量最低。

（2）对周边地下水的影响

尾矿库最初设计没有防渗措施，对周边地下水存在一定的影响。

根据 1993 年包钢选矿厂尾矿坝加高工程环境影响报告书中对地下水的调查显示“1985 年以来包钢尾矿坝渗漏水污染呈扩展趋势，对东西两侧污染明显加重，对下游污染控制在坝南 1 200 m 范围内”，相当于 60 m/a 的渗透。2005 年包钢及周边地区经济与环境协调发展规划研究报告中通过对地下水的调查监测“50 年后，在 2003 年，渗透水前峰到达坝南 1.5 km 处，峰值在 600 m”。虽然 2003 年尾矿坝投入使用为 38 年，并非 50 年，根据其估算渗透速率约为 40 m/a，高于其引用的文献 30 m/a，但和 1993 年相比，10 年间仅向南扩展了 300 m，相当于后期渗透速率约为 30 m/a。

综上资料分析，渗透速率为 30～60 m/a。

尾矿坝东边是市区，北边是山区，向南是黄河（最近处仅为 10 km），西边是备受争议的打拉亥村。因此课题组对包钢尾矿坝南和西方向做了实地地下水取样分析。

2016 年 1 月采集地下水样品 26 组，取样井为民用压水井、自吸泵井和农灌井，采样情况和采样点设计如图 6-6 所示。尾矿坝向南，按照尾矿坝和黄河的距离，采集地下水；尾矿坝向西，以打拉亥村为重点，采集地下水。采样点记录采样时间、天气状况、地理位置、地理坐标、地面高程、基本地貌、采样井深度、成井时间、样品存放时间、感观（色、味、有无沉淀等）、水文地质特征和周边环境等。

图 6-6 中的采样点 2～8 是尾矿库以西，按照距离尾矿库距离从近到远依次排列，9～26 是尾矿库以南，按照距离尾矿库距离从近到远依次排列。采样点 1 作为对照点，从尾矿库东北边的新光四村采的深层饮用水，饮用水井深 300 m。

水样品现场测定温度、pH、Eh，然后分别装入 50 mL、500 mL 的塑料瓶中，在 50 mL 瓶中加入 1∶1 HNO_3 2 mL，冷藏保存，为测定痕量元素备用；500 mL 两份样品冷藏保存，为测定阴离子备用。ICP-AES 测定常量元素，ICP-MS 测定金属元素和稀土元素。

测试项目包括：Cl^-、SO_4^{2-}、NO_3^-、F、NH_4^+、总硬度、溶解性总固体、耗氧量、Cd、As、C、Hg、Pb、Th、Fe、Zn、Cu、Y、La、Ce、P、Nd、Sm、Eu、Gd、Tb、Dy、Ho、Er、Tm、Yb、Lu 等元素。

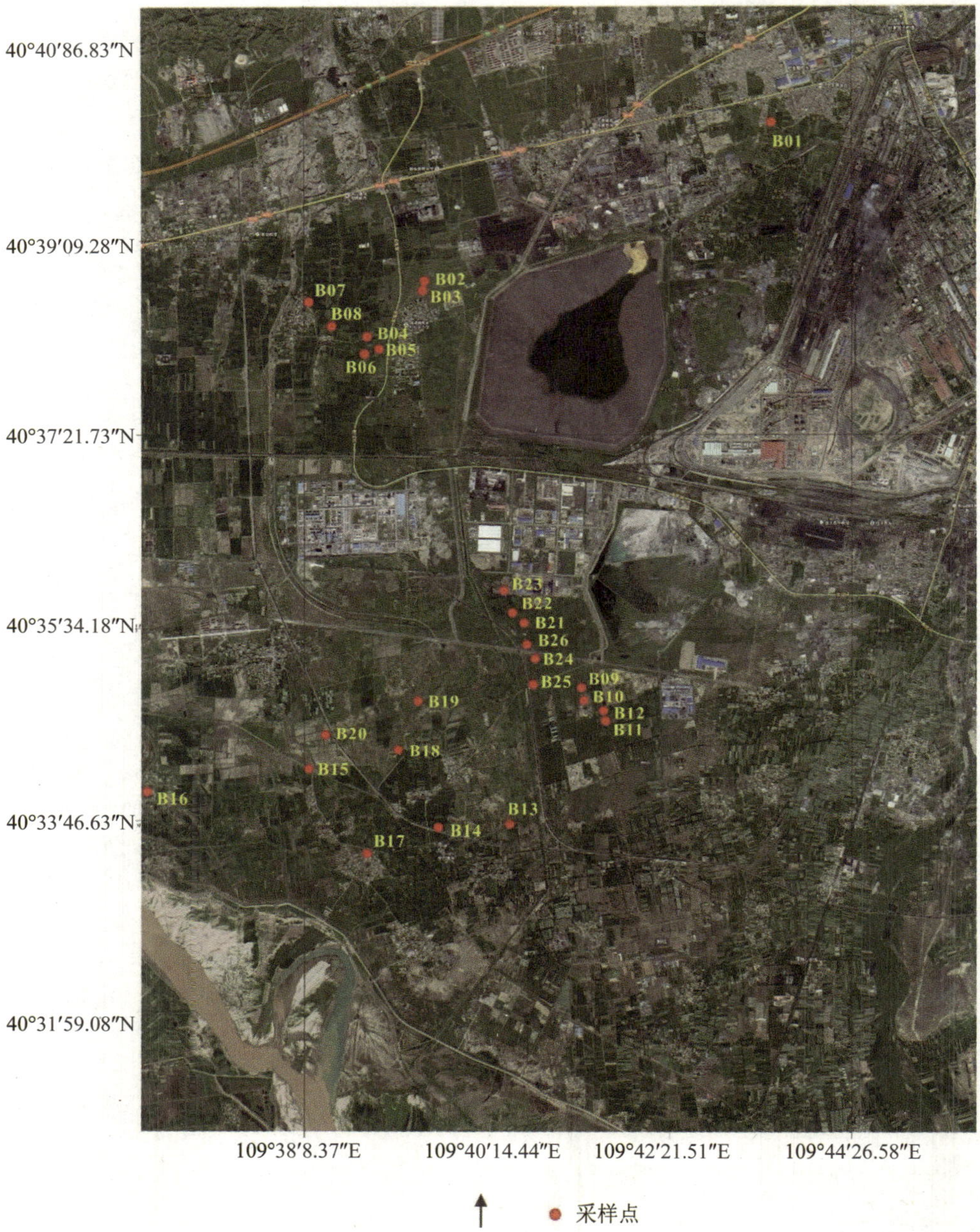

图 6-6　包头尾矿坝周边水样采集图

依据《地下水质量标准》（GB/T 14848—93），将地下水质量划分为五类。

Ⅰ类主要反映地下水化学组分的天然低背景含量。适用于各种用途。

Ⅱ类主要反映地下水化学组分的天然背景含量。适用于各种用途。

III类以人体健康基准值为依据。主要适用于集中式生活饮用水水源及工、农业用水。

Ⅳ类以农业和工业用水要求为依据。除适用于农业和部分工业用水外，适当处理后可作生活饮用水。

Ⅴ类不宜饮用，其他用水可根据使用目的选用。

由于本次采样主要是采集地下水，以灌溉井水及饮用水为主，因此采取III类标准对其进行分析。

B02、B03、B04、B05、B06、B07、B08 等 7 个样品位于尾矿库以西，依次向西分布，分别位于打拉亥村和乌兰计三村、乌兰计二村等。B09～B26 采样点分布在尾矿库以南至黄河。

分析结果显示，砷、汞、铜、铁和锌没有超标现象，15 个稀土元素（Y、La、Ce、P、Nd、Sm、Eu、Gd、Tb、Dy、Ho、Er、Tm、Yb、Lu）、钍元素、镉、铅和 NH_4^+没有检出。其他元素超标统计情况如表 6-3 所示。

表 6-3　地下水元素超标检出统计

元素种类	样品数/个	超标数/个	超标率/%	标准值
pH 值	26	4	15.38	6.5～8.5
总硬度	26	15	57.69	450 mg/L
溶解性总固体	26	21	80.77	1 000 mg/L
耗氧量	26	4	15.38	6 mg/L
Cl^-	26	18	69.23	250 mg/L
SO_4^{2-}	26	17	65.38	250 mg/L
NO_3^-	26	7	26.92	20 mg/L
F	26	14	53.85	1 mg/L
Cr	26	1	3.85	0.05 mg/L

分析结果显示，总硬度、溶解性固体、氯离子、硫酸根离子和氟离子超标现象严重，且尾矿库西边的打拉亥村周边尤为突出。并且靠近黄河的地方，情况不容乐观。

包头地区地下水之所以受到污染，除了自然环境的影响外，主要受人为因素的控制。例如：大量工业废水及生活污水的渗入；大量工业废渣与生活垃圾的吹扬、淋滤；不合理的引污水灌溉；对地下水的不合理开采等。

包头地区降水多集中在 7—9 月三个月，地下水获得补给的同时进入某些有害物质。同时包头常见 5～7 级风，风速最大可达 20 m/s，大量厂矿企业的有毒原料、废渣及粉尘随着风力的搬迁，有的直接降到地下水露头，有的降落地表或地表水体，在淋滤作用下进入含水层。潜水氟的检出量普遍较高，与风的作用不能分开。包头地区年蒸发量大于降水量的5～7倍。其埋深小于3 m的潜水也不断受到蒸发，使潜水中含氟量相对浓缩增高。在潜水蒸发过程中，氟随水迁移到地表，在地表以下0.2～0.5 m处聚积，当集中降雨入渗淋溶作用强烈时，氟又回到潜水，从而使潜水中氟再度增高（李志学等，1980）。

研究区北部深大断裂以北，大面积分布着一套巨厚复杂的古老变质岩系，其中穿插着一些不同时期各类岩浆岩侵入体，氟化物含量颇高。东部地区凡有中更新统的灰绿色与黄绿色砂质黏土或黏质砂土分布的地段，除氟含量较高外，有研究初步认为原生污染是一无法排除的因素，（刘晓端等，2011）。

（3）扬尘和放射性对周边环境的影响

尾矿粉年产生量约为5.49×10^6 t，钍量为3.16×10^3 t/a，放射性钍含量为2.34×10^3 Bq/kg，尾矿粉总放射性比活度为1.03×10^4 Bq/kg左右，接近建坝时存放限值（2×10^4 Bq/kg）（王晓卿，2009）。尾矿坝南和西南方向污染较严重。

包头市辐射环境管理处1998年、2002年、2006年和2008年对包钢尾矿坝周围土壤进行放射性污染的调查结果，结果显示，1998年污染范围4.92 km^2，2002年污染范围10 km^2，2006年污染范围最远达到距坝3 km左右的距离。2008年初检测结果表明，在0～10 cm范围内目测可见有黑色的尾矿粉，尾矿粉随土壤深度增加迅速减少；土壤中放射性钍含量随深度增加迅速降低，主要分布范围在0～10 cm，尾矿坝内尾矿粉中钍核素含量明显高于其他核素，其他核素含量与土壤中其他核素含量水平相当。说明包钢尾矿坝周围土壤污染主要是由富含钍核素的尾矿坝扬尘引起的。

6.3 稀土资源开发生态环境成本核算方法

6.3.1 核算范围

稀土开发是矿产资源开发，企业在进行稀土资源开发利用时的环保防治措施成本以及为执行目标和要求付出的其他成本，属于内部成本，已经纳入会计系统并分配到稀土生产成本中，本次不予核算。本次主要核算包头稀土开发生态环境外部成本，包括稀土资源开发过程（包括开采、选矿、冶炼分离）中引起的环境污染和生态破坏引起的经济损失。

考虑到数据的可获取性，本书核算了 2000—2013 年 14 年包头稀土资源开采和冶炼导致的生态环境损失成本。包头稀土作为铁矿的共生矿产，是在铁矿尾矿中选矿，因此其在开采和选矿过程中的污染较小。

6.3.2　核算框架

根据包头轻稀土资源开发的特点和第 3 章提出的核算方法和框架，分别建立基于治理成本法和治理污染损失法稀土开发环境外部成本核算指标体系，在体系框架中体现包头轻稀土开发阶段和稀土资源特性。图 6-7 和图 6-8 分别为基于治理成本法和污染损失法的包头轻稀土开发环境外部成本核算指标体系。

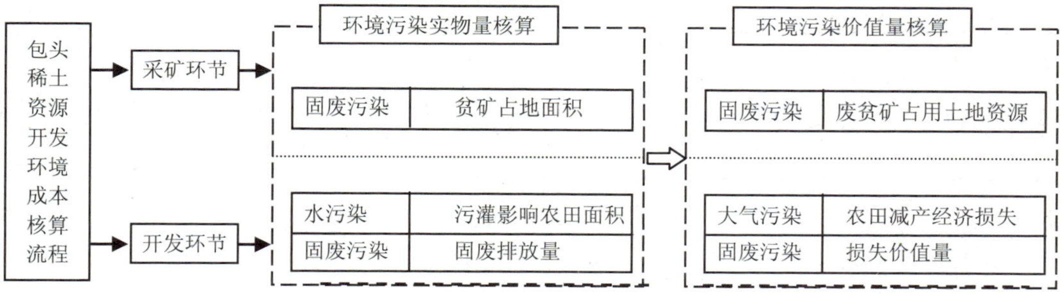

图 6-7　基于治理成本法的包头轻稀土开发环境成本核算框架

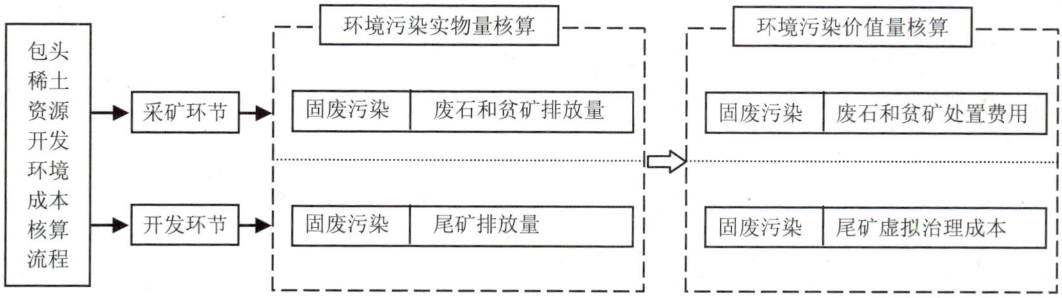

图 6-8　基于污染损失法的包头轻稀土开发环境成本核算框架

6.3.3 核算方法

对包头稀土开发利用进行污染物实物量核算和环境污染价值量核算。环境污染实物量是指整理和统计地区/企业稀土资源开发的各类污染物产生量和排放量，数据来源于污染源普查、统计年鉴、现场调查等。环境污染成本利用基于成本的估价方法，假设对污染物进行治理并使之消除，使环境“复原”到期初退化前的状态，以治理过程中需要的成本作为环境外部成本的估计值，即对虚拟治理成本的估算。虚拟治理成本不是环境退化的真实成本，因为治理成本法在计算时忽视了生态破坏、环境污染造成的污染损失，因此，采用治理成本法的核算结果只是环境外部成本的“最低值”。虚拟环境治理成本的公式如表 6-4 所示。

表 6-4　虚拟治理成本法公式表达

方法名称	公式表达	符号含义
虚拟治理成本法	$C=\sum_{i=1}^{n}\overline{C}_i\cdot Q_i$	C：虚拟治理成本；$\overline{C}_i$：每种污染物的单位治理成本；Q_i：每种污染物的排放量；i：污染物的类别

本书所采用的污染物的虚拟单位治理成本数据来自 2003 年 7 月 1 日开始实施的《排污费征收使用管理条例》《中国环境经济核算研究报告：2007—2008》（於方等，2013）和《中国环境经济核算技术指南》。以上资料没有数据，则按照排污收费中的当量法计算所得。本书所采用的污染物虚拟治理成本参数如下：

废气污染物主要指标的单位治理成本：SO_2 的单位治理成本为 1 112 元/t、烟尘为 185 元/t、粉尘为 305 元/t、氮氧化物为 4 013 元/t（於方等，2013）、氟化物为 522 元/t（中华人民共和国排污费征收标准及计算方法）。

废水污染物主要指标的单位治理成本：COD 为 4 800 元/t、石油类为 2 164 元/t、氨氮为 270 元/t（马国霞等，2014；於方等，2009）、氟化物为 350 元/t、总氮为 5 454 元/t。

固体废物主要是选矿所产生的尾矿。工业固体废物中一般固体废物的处置单位治理成本为 22 元/t，储存单位治理成本为 4.5 元/t。

6.4　环境成本核算结论

6.4.1　稀土开采环境成本核算

6.4.1.1　稀土开采环境成本核算：治理成本法

白云鄂博稀土开采时粉尘主要影响矿区内部，废水基本不外排，因此主要的污染物是固体废物。固体废物主要有剥离物（土、石）、生活垃圾和锅炉灰渣等。其中生活垃圾（约 243.2 kg/d）集中存放于定点设置的垃圾箱，结合当地的环卫建设处置，由当地环保部门统一处理；而锅炉灰渣（约 560 t/a）则随剥离物运往内、外排土场进行掩埋，部分用于垫平道路。

其中 2001—2010 年数据由包钢提供，2000 年、2011 年、2012 年和 2013 年采用 2001—2010 年的均值。从表 6-5 的变化趋势来看，白云鄂博稀土开采固体废物虚拟治理成本从 2000—2007 年总体呈上升趋势，在 2007 年达到最高 57 403 万元。

表 6-5　2000—2013 年包头稀土开采固体废物虚拟治理成本

年份	稀土白云岩/万 t	虚拟治理成本/万元
2000	890	35 155
2001	720	28 440
2002	746	29 453
2003	612	24 167
2004	457	18 059
2005	746	29 475
2006	1 445	57 058
2007	1 453	57 403
2008	1 198	47 311
2009	613	24 223
2010	909	35 895
2011	890	35 155
2012	890	35 155
2013	890	35 155

6.4.1.2 稀土开采环境成本核算：污染损失法

白云鄂博主、东矿排岩过程中占用大量天然牧草地，大量表层土壤被侵占。主、东矿采场由西至东南分布着 6 个排岩场，总占地面积 882.95 hm^2，其中白云岩排岩场占地 277.25 hm^2。原始地貌以荒漠草原植被类型等为主，在水分条件好的地段零星分布着盐生草甸植被。

根据前面表 6-1 中国不同陆地生态系统单位面积生态服务价值表，生态系统生态价值损失为 178 万元（277.25 km^2×6 406.5 元/hm^2=178 万元）。

6.4.2 稀土开发利用环境成本核算

6.4.2.1 治理成本法核算结果

（1）废气

一般来讲，稀土大气污染物包括颗粒物、二氧化硫、氟化物、氯气、氯化氢、氮氧化物等。其中具有代表性的污染物有 SO_2 和 NO_x，氟化物是包头市的特异性污染物，这是因为包头稀土精矿中含萤石（CaF_2）（周颜宏和李俊飞，2015）。郑宝山（1983）认为包头地区是一个地下水、土壤本底值高的地区，氟污染是本底和第二环境叠加的效果。

大气污染虚拟治理成本公式如下：

$$C_a = \sum_{i=1}^{n} \overline{C}_i Q_i$$

式中，C_a —— 大气虚拟治理成本；

$\overline{C}_i$ —— 每种污染物的单位治理成本；

Q_i —— 每种污染物的排放量；

i —— 污染物的类别；

n —— 二氧化硫、烟尘和氟化物 3 种污染物。

根据前面统计污染物排放量和单位治理成本（图 6-9），运用上面公式计算得到各污染物的虚拟治理成本，如图 6-10 所示。从图 6-10 可以看出，包头稀土废气的虚拟治理成本 2000—2007 年呈上升趋势，2007 年达到峰值 2 784 万元，之后呈下降趋势，到 2013 年下降到 1 773 万元，相比 2007 年下降 36%。

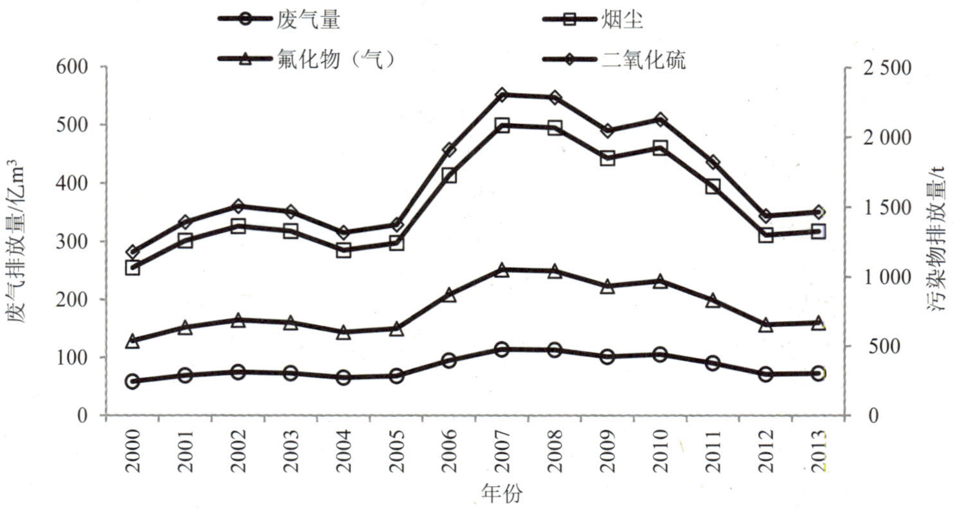

图 6-9　2000—2013 年包头市稀土废气及污染物排放量

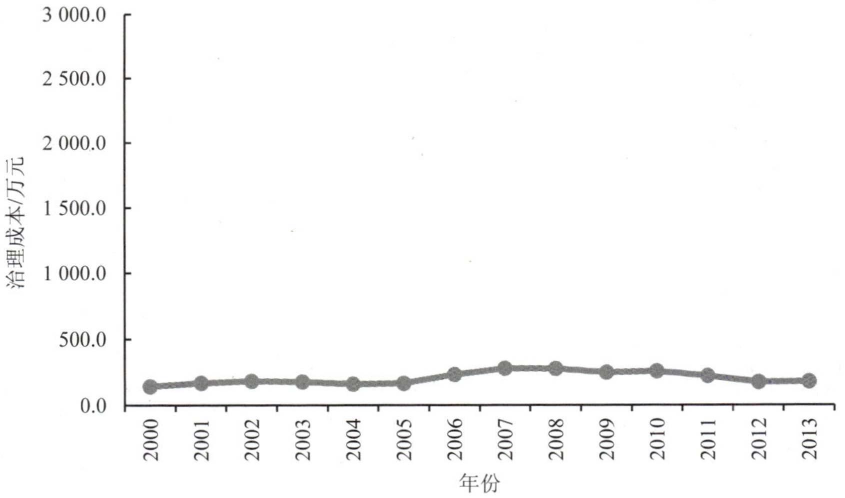

图 6-10　2000—2013 年包头市稀土废气虚拟治理成本

（2）废水

水污染虚拟治理成本是指对排放至水体中的污染物进行完全消除所需要的成本，虚拟治理成本计算公式为：

$$C_{\mathrm{w}}=\sum_{i=1}^{n}\overline{C}_iQ_i$$

式中，C_{w} —— 水污染虚拟治理成本；

$\overline{C}_i$ —— 每种污染物的单位治理成本；

Q_i —— 每种污染物的排放量；

i —— 污染物的类别；

n —— 化学需氧量、氨氮、铅、氟化物、总磷等 5 种污染物。

包头近年稀土企业废水及主要污染物排放量见表 6-6，运用上面公式计算得到主要污染物虚拟治理成本，如图 6-11 所示。2013 年，包头矿冶炼产生的工业废水总量为 237 万 t，2000—2007 年，稀土冶炼工业废水产生量不断增加，2007 年达到峰值，为 372 万 t，2007 年之后，工业废水产生量不断减少，到 2013 年下降到了 237 万 t，相比 2007 年下降了 36%。2000—2007 年前稀土废水虚拟治理成本总体呈上升趋势，2007 年达到 189.1 万元，之后又开始下降，2013 年为 120.4 万元。工业废水产生量变化趋势与我国稀土冶炼产品产量的变化密切相关。

表 6-6　2000—2013 年包头稀土废水主要污染物排放量

年份	工业废水量/万 t	化学需氧量/t	氨氮/t	铅/kg	氟化物（液）/t	总磷/kg
2000	190	165	282	945	46	1 185
2001	224	196	333	1 118	54	1 402
2002	243	212	361	1 210	58	1 517
2003	236	206	351	1 179	57	1 478
2004	212	185	315	1 058	51	1 327
2005	221	193	329	1 104	53	1 384
2006	308	269	458	1 537	74	1 927
2007	372	325	552	1 853	89	2 323
2008	369	322	548	1 838	89	2 304
2009	330	288	491	1 646	79	2 064
2010	343	300	510	1 712	83	2 146
2011	294	257	438	1 468	71	1 841
2012	232	203	345	1 157	56	1 450
2013	237	207	352	1 181	57	1 480

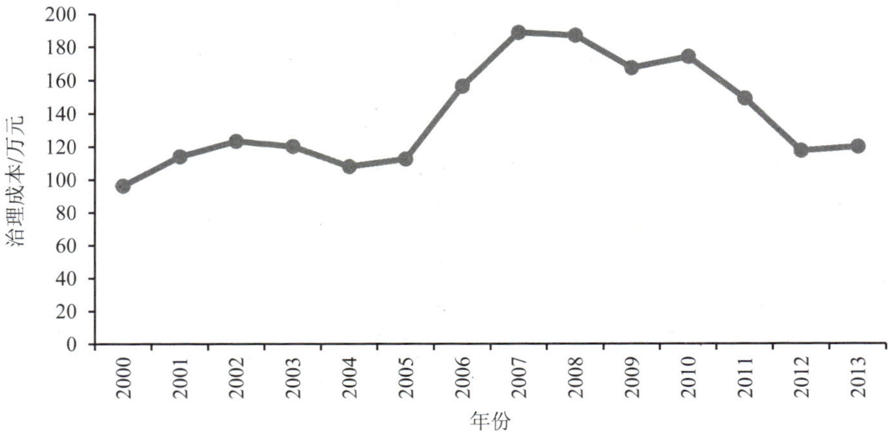

图 6-11　2000—2013 年包头市稀土废水虚拟治理成本

（3）固体废物

目前包钢用含稀土 8.9%的选铁尾矿直接选稀土精矿，选矿回收率约为 39.6%。则产生 1 t 品位约 50%的稀土精矿需要大约 14 t 尾矿。依据每年的稀土矿产量，可以推算因选稀土后最终产生的尾矿，尾矿全部排入稀土矿。

一般工业固体废物虚拟治理成本计算公式如下：

$$C_s = C_{s1} + C_{s2}$$

$$C_{s1} = Q_{s1} \times \left(C'_{s1} - C'_{s2}\right)$$

$$C_{s2} = Q_{s2} \times C'_{s1}$$

式中，C_s —— 一般工业固体废物虚拟治理成本；

C_{s1} —— 处置储存固体废物虚拟治理成本；

C_{s2} —— 处置排放固体废物虚拟治理成本；

Q_{s1} 和 Q_{s2} —— 储存量和排放量；

C'_{s1} 和 C'_{s2} —— 分别为处置单位治理成本和储存单位治理成本。

2000—2013 年包头稀土尾矿及虚拟治理成本见表 6-7。当然，包钢选矿厂每年向尾矿库排入的尾矿远远大于表 6-6 所述，例如包钢选矿厂 2010 年排尾矿 841.37×10^4 t（包括强磁中矿和强磁尾矿选矿后的尾砂）。本书所计算的固体废物为选稀土后的尾矿，其他尾矿认为是铁矿所产生。

表 6-7 2000—2013 年包头稀土尾矿及虚拟治理成本

年份	精矿产量/t	尾矿/t	虚拟治理成本/万元
2000	40 600	535 385	2 115
2001	46 600	614 505	2 427
2002	55 400	730 549	2 886
2003	54 000	712 088	2 813
2004	46 600	614 505	2 427
2005	49 000	646 154	2 552
2006	50 377	664 312	2 624
2007	69 000	909 890	3 594
2008	66 000	870 330	3 438
2009	65 000	857 143	3 386
2010	49 900	658 022	2 599
2011	49 960	658 813	2 602
2012	41 649	549 218	2 169
2013	47 447	625 675	2 471

6.4.2.2 污染损失法核算结果

1984 年，辽宁省环境保护科研所对辽宁省工业固体废物的污染情况及其费用进行了分析探讨。在研究中辽宁省工业固体废物污染的经济计量主要从两个方面进行考虑，一是堆存工业固体废物付出的劳动及直接经济损失；二是工业固体废物所造成的经济损失即间接经济损失。由此计算出在 1984 年每堆存 1 万 t 工业固体废物的经济损失约为 9.63×10^4 元。按贴现率为 2.4%计算，到 2013 年每堆存 1 万 t 工业固体废物的经济损失约为 1.92×10^5 元。在计算包头稀土工业固体废物的影响时，用这个数据来计算带来的经济损失，至于机会成本还要另行计算。

2000—2013 年固体废物造成的经济损失见表 6-8。可以看出，2000—2013 年一直呈上升趋势，到 2013 年达到 253 元/t。14 年共损失 15 937 万元。

表 6-8　2000—2013 年固体废物造成的经济损失

年份	尾矿/t	经济损失/万元	生态环境成本/（元/t）
2000	535 385	754	186
2001	614 505	886	190
2002	730 549	1 078	195
2003	712 088	1 076	199
2004	614 505	951	204
2005	646 154	1 024	209
2006	664 312	1 078	214
2007	909 890	1 512	219
2008	870 330	1 481	224
2009	857 143	1 493	230
2010	658 022	1 174	235
2011	658 813	1 204	241
2012	549 218	1 027	247
2013	625 675	1 199	253

6.4.3　两种模式下平均虚拟治理成本

白云鄂博稀土开采的历史就是铁矿开采的历史，只是到了 20 世纪 70 年代，稀土综合利用才开始受到重视。特别是进入 21 世纪，稀土由小规模的综合利用逐步发展壮大成为一个产业。包钢历经了单一利用铁矿的“以铁为主、综合利用”历史阶段，目前正在向“铁和稀土并重”的资源开发与综合利用模式转变。

（1）“以铁为主、综合利用”模式的平均虚拟治理成本

“以铁为主、综合利用”模式是白云鄂博主、东矿以开采铁矿为主，在开采铁矿的同时，将其围岩中的稀土白云岩单独转运至北排土场、南排土场南区和北排土场东侧堆存保护，并不专门开采稀土。在选矿过程中选冶部分稀土氧化物，剩余的全部稀土矿随尾矿泥一同排入包钢尾矿库堆存保护。因此这种模式下，认为稀土作为伴生资源开采，稀土选矿减少了选铁尾矿的排放量，无额外尾矿产生。因此只计算冶炼过程中的污染物排放。其平均虚拟治理成本如表 6-9 和图 6-12 所示。从图中可以看出，如果按照“以铁为主、综合利用”模式，选铁的同时附带把稀土选出来，生产和环境成本低。包头稀土的生态环境成本在 2000—2010 年呈上升趋势，2010 年达到 104 元/t，之后下降，到 2013 年为 75 元/t。

表 6-9　2000—2013 年“以铁为主、综合利用”模式平均虚拟治理成本

年份	混合型稀土矿/万 t	废水虚拟治理成本/万 t	废气虚拟治理成本/万 t	合计/万元	平均成本/（元/t）
2000	40 600	96.3	141.9	286.3	71
2001	46 600	114.1	167.9	338.1	73
2002	55 400	123.4	181.8	366.4	66
2003	54 000	120.3	177.1	356.3	66
2004	46 600	108.1	159	320.1	69
2005	49 000	112.7	165.8	333.7	68
2006	50 377	156.8	230.8	464.8	92
2007	69 000	189.1	278.4	561.1	81
2008	66 000	187.4	276.2	556.4	84
2009	65 000	167.9	247.3	497.9	77
2010	49 900	174.7	257.1	517.7	104
2011	49 960	149.7	220.5	443.7	89
2012	41 649	117.9	173.8	349.9	84
2013	47 447	120.4	177.4	357.4	75

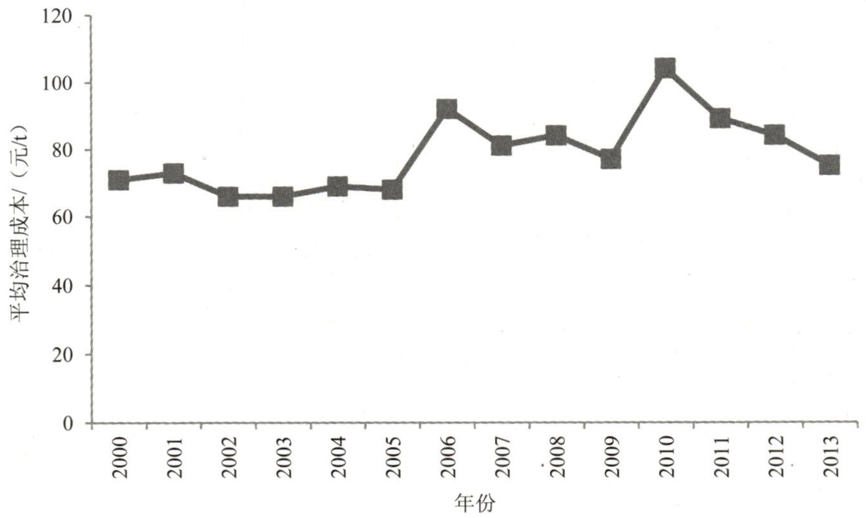

图 6-12　2000—2013 年“以铁为主、综合利用”模式平均虚拟治理成本

（2）“铁和稀土并重”模式的平均虚拟治理成本

“铁和稀土并重”模式——未来包钢要进一步改变白云鄂博矿区资源开发利用模式，

对主、东矿采取以稀土采选利用为主、综合利用铁、铌等资源的开发利用模式。西矿以利用铁为主，兼顾利用稀土、铌等伴生资源。按照这种开发模式，东矿以稀土作为主要矿产品开采、承担开采和选矿过程中产生的固体废物。

综上所述，计算每吨稀土精矿的虚拟治理成本，详细见表 6-10。从表 6-10 可以看出，“铁和稀土并重”模式的平均虚拟治理成本中，开采中固体废物的虚拟治理成本占比比重大，历年占比均在 90%左右。如果主、东矿以开采稀土为主，则稀土开采所承担的环境成本将大大增加。在 2006 年平均成本达 11 924 元/t，主要是由于当年白云岩采出量大引起的。

表 6-10　2000—2013 年“铁和稀土并重”模式平均虚拟治理成本

年份	开采固废成本/万元	选矿尾矿成本/万元	冶炼废气成本/万元	冶炼废水成本/万元	平均成本/（元/t）
2000	35 155	2 115	142	96	9 238
2001	28 440	2 427	168	114	6 684
2002	29 453	2 886	182	123	5 892
2003	24 167	2 813	177	120	5 051
2004	18 059	2 427	159	108	4 453
2005	29 475	2 552	166	113	6 593
2006	57 058	2 624	231	157	11 924
2007	57 403	3 594	278	189	8 908
2008	47 311	3 438	276	187	7 759
2009	24 223	3 386	247	168	4 311
2010	35 895	2 599	257	175	7 801
2011	35 155	2 602	221	150	7 632
2012	35 155	2 169	174	118	9 032
2013	35 155	2 471	177	120	7 993

综合虚拟治理成本和污染损失成本，包头矿开采 1 t 稀土精矿的生态破坏损失如表 6-11 所示。在“以铁为主、综合利用”和“铁和稀土并重”两种开发模式下稀土开发承担的环境成本不同，造成两种模式下的环境成本差别，主要是由固体废物的环境成本是否被体现引起的。两种模式下计算的环境成本，可以作为包头稀土环境成本的上限和下限。

表 6-11　2000—2013 年包头稀土开发单位稀土资源的生态环境成本　　单位：元/t

年份	虚拟治理平均成本	生态破坏损失平均成本	生态环境成本
2000	9 238	186	9 424
2001	6 684	190	6 874
2002	5 892	195	6 087
2003	5 051	199	5 250
2004	4 453	204	4 657
2005	6 593	209	6 802
2006	11 924	214	12 138
2007	8 908	219	9 127
2008	7 759	224	7 983
2009	4 311	230	4 541
2010	7 801	235	8 036
2011	7 632	241	7 873
2012	9 032	247	9 279
2013	7 993	253	8 246

6.5　稀土资源开发生态恢复对策与措施

根据前面所述内容，包头稀土开发利用对周边环境造成了严重的影响和损失，特别是尾矿坝周边生态环境恶化。针对包头稀土开发环境污染修复，根据以上原则，参考国内外矿山生态恢复案例，按照《关于加强稀土矿山生态保护与治理恢复的意见》（环发〔2011〕48 号）、《矿山生态环境保护与恢复治理技术规范（试行）》（HJ 651—2013）、《矿山生态环境保护与恢复治理方案（规划）编制规范（试行）》（HJ 652—2013）、《国务院关于促进稀土行业持续健康发展的若干意见》（国发〔2011〕12 号）、《包头稀土高新技术产业开发区条例》（1999）等相关要求，提出包头稀土开发生态恢复方案与措施。

目前传统矿山生态修复是在开采完成后再修复。随着对矿业开发历程的理解，正确的复垦和生态修复活动应伴随矿山全部开发过程，实施全程动态恢复。即生态恢复工作，应贯穿在矿山建设期、运营期和关闭期，以及后延的生态抚育期的全部开发过程。伴随生产时序，实施及时的复垦工程，恢复措施，使其被破坏的工业场地得以科学地、及时地恢复（代宏文，2010）。下面针对白云鄂博稀土矿运营阶段和开采完成阶段的生态恢复对策和措施进行讨论。

6.5.1　运营阶段的生态恢复对策与措施

（1）推动企业建设国家绿色矿山

“绿色矿山”是指矿产资源开发全过程，既要严格实施科学有序的开采，又要对矿区及周边环境的扰动控制在环境可控制的范围内。建设绿色矿山，牢固树立绿色环保意识，把生态文明建设理念和要求贯穿于白云鄂博稀土矿开发利用的全过程，实现人与自然、人与人、人与社区的和谐，实现“开矿一处、造福一方，开发一点、保护一片，矿地和谐、科学发展”。

2014 年白云鄂博矿正式成为第四批绿色矿山试点单位，同年编制了《包头钢铁（集团）有限责任公司白云鄂博铁矿（主、东矿区）国家级绿色矿山建设规划》。规划中将矿山地质环境保护与生态恢复治理工作部署确定为：近期（2014—2015 年）、中期（2016—2018 年）和远期（2018—2035 年），对矿山环境进行绿化，对地质环境进行保护和恢复治理。在当前新常态环境下，以绿色矿山建设为契机，促使企业提高生产工艺水平，推行清洁生产，从源头上减少 “三废”的产生和排放，同时推行“边开采，边保护，边复垦”的生态环境保护的“三边”措施。对现有各排土场堆存的贫矿、含稀土围岩应积极进行综合利用和科学管理，提高资源的综合利用，降低矿山的生产成本。

（2）白云鄂博矿区地质环境恢复对策与措施

矿山正常生产中兼顾矿山地质环境保护与恢复治理方案的实施，坚持预防为先、为主，防治结合的原则。开采过程中，严格控制开采台阶高度和边坡角，并加强边坡稳定性监测，尤其是潜在隐患和已经引发崩塌、滑坡地质灾害的地段要尤为重视；采取必要的工程措施对危险边坡采取削方减载，锚固、立柱支护、挂网喷浆联合加固等工程措施进行防治（张丽等，2015）。

（3）包头尾矿库环境恢复对策与措施

包头尾矿库区域处于温带草原和荒漠的过渡地带，目前草原和荒漠的植被景观已被破坏。对尾矿库自然生态环境的恢复与建设，选择包头本地耐盐碱、耐干旱的优势物种，如沙枣、柳树、杨树、柽柳、紫花苜蓿等作为生态恢复和建设的先锋物种。首先把尾矿库的周围种植林作为隔离绿化带，保持水土，防风固沙。按照适地、适树（草）、适时的原则，选择可以作为饲料使用的苜蓿草以及罗布麻、沙旋复花、柽柳、沙枣等，既可以带来环境效益，又可以带来很好的经济效益（于志刚，2006）。

6.5.2 开采完成阶段的生态恢复对策与措施

（1）露天采场的生态恢复

①场地整治与覆土：露天采场的场地整治和覆土方法根据场地坡度来确定。水平地和 15°以下缓坡地可采用物料充填、底板耕松、挖高垫低等方法；15°以上陡坡地可采用挖穴填土、砌筑植生盆（槽）填土、喷混、阶梯整形覆土、安放植物袋、石壁挂笼填土等方法。②露天采场植被恢复：边坡治理后应保持稳定。非干旱地区露天采场边坡应恢复植被。边坡恢复措施及设计要求应符合 GB 50433 的相关要求。位于交通干线两侧、城镇居民区周边、景区景点等可视范围的采石坑口及裸露岩石，应采取挂网喷播、种植藤本植物等工程与生物措施进行恢复，并使恢复后的坑口与周围景观相协调。

（2）排土场的生态恢复

排土场总高度大于 10 m 时应进行削坡升级，每一台阶高度不超过 5～8 m，台阶宽度应在 2 m 以上，台阶边坡坡度小于 35°，形成有利于林木植被恢复的地表条件。充分利用工程前收集的表土覆盖于排土场表层，覆盖土层厚度根据植被恢复类型和场地用途确定。恢复为农业植被的，覆土厚度应在 50 cm 以上；考虑到白云鄂博为干旱—半干旱地区，恢复为草地生态或景观用地的，根据土源情况进行适当覆土。

（3）尾矿库闭库后的生态恢复

尾矿库闭库后，坝体和坝内应视尾矿库所处地区气象条件、尾矿污染物毒性、植被恢复方式、土源情况进行不同厚度覆土，因地制宜进行植被恢复和综合利用。恢复植被的覆土厚度不低于 10 cm。尾矿库恢复后用于农业生产的，应对尾矿库覆盖土壤（包括植物根系延伸区的尾砂）进行污染物检测与农产品安全评估，根据评估结果确定农业利用方式。

第7章 中重稀土资源开发生态环境成本核算：赣州市

7.1 稀土矿产资源开发利用现状

7.1.1 资源储量及特点

赣州离子型稀土矿床一般都属于岩浆型原生 ITU 矿床，但常赋存于风化淋滤所形成的风化壳构造带。根据离子型稀土与原生稀土矿床的关系及稀土元素的分配特点来划分该矿床的类型，可分为两大类：一类是以离子吸附型为主的矿产，其特点是母岩中的原生矿物以氟碳酸盐等易风化的稀土矿物为主；另一类是以磷钇矿、独居石等单一稀土矿物为主，部分稀土呈离子吸附相稀土的矿床。离子吸附型稀土矿床是由含稀土丰度较高的母岩（花岗岩、花岗斑岩）在物理化学、生物等诸因素作用下，使稀土矿物随原岩逐渐解体而形成稀土离子进入水溶液，该溶液在沿孔隙向下渗滤过程中，稀土离子被黏土矿物吸附而形成。矿床由表土层、全风化层、半风化层和基岩组成。其中全风化层厚度最大，离子相稀土富集度最高。在离子吸附型稀土矿中，稀土元素一般含量为 0.1%～0.3%，以离子相稀土为主，占总含量的 60%～95%。

赣州稀土资源丰富，全市 18 个县（市、区）均有稀土资源分布。累计查明离子型稀土资源储量 92 万 t，保有储量 45.69 万 t，在国内外同类型矿种中位居第一，远景储量在 1 000 万 t 以上，是全国离子型重稀土的主要分布区，素有“稀土王国”之美誉。赣州稀土产业“十二五”规划报告称，赣州地区离子吸附型稀土矿保有资源储量达 107 万 t 左右。未来几年内，赣州地区还可增加稀土资源量 60 万 t，潜在离子吸附型中重稀土 213 万 t、离子吸附型轻稀土 1 350 万 t[①]。

赣州市中重离子吸附型稀土资源无论在种类上还是在配分形式上都是世界上任何国家无法相比的，因其稀土矿床类型多，轻、中、重稀土类型配分齐全。稀土具有成带分布和富集的特点，赣州市南部分布稀土矿床多（赣南地区占了 90%）、规模大、中重轻稀土齐全，北部则较分散，单个矿床相对规模较小，且无重稀土矿床分布。

7.1.2 开发利用现状

7.1.2.1 矿山开发利用现状

赣州离子型稀土开采已有 40 年的历史，除石城县外都开采过稀土矿。40 多年来，赣州累计开采稀土 25 万 t，占全国离子型稀土开采总量的七成。从 20 世纪 80 年代末开始，会昌、兴国、南康等大部分县（市、区）停止了稀土生产。21 世纪初，有 88 座稀土矿山，采选能力 1 272 t/a，并由赣州稀土矿业公司负责对赣州市稀土矿山统一经营管理，全市颁发的 88 本采矿证（占全国离子型稀土采矿许可证总量 104 本的 84.6%）全部为该公司所有，采矿权面积 82.201 5 km^2，采矿区主要分布在龙南、定南、寻乌、赣县、安远、宁都、信丰、全南 8 个县境内，8 个县均成立了稀土分公司。由于历史原因，赣州市稀土矿点均未办理环保审批手续。2010 年 10 月开始，赣州稀土矿业公司作为赣州市唯一采矿权人拟将 8 个县的 88 个稀土采矿权进行整合并全部开展矿山环评。

赣州市拥有着江西乃至全国十分重要的特有的离子吸附型稀土资源，是国家重要的中重稀土生产、分离、冶炼基地。近年来，国家为了解决国内稀土产业分散落后、生产经营秩序混乱、环境污染严重等问题，采取了一系列有力措施，例如以区域整合为出发点，大力整治稀土开采秩序，提高产业集中度。在国家相关指导工作下，赣州大力开展了稀土行业整治工作，大力推进稀土资源整合和行业并购重组。

7.1.2.2 开采和冶炼分离工艺

（1）历史和现有采矿工艺

现有矿区的建矿之初均为池浸或堆浸工艺，1995—2007 年慢慢发展为原地浸矿工艺。下面就对池浸工艺、堆浸工艺和现有原地浸矿工艺进行介绍。

1）池浸工艺

池浸工艺主要分为三个工序：首先，对划定的矿段进行表土剥离和矿石剥离，矿石

① 资料来源：《赣州市稀土产业发展指导意见》。

剥离方式为人工剥离，采用手推车、铁铲等较原始的人工手段进行矿石剥离。然后，将剥离下的矿石卸入浸矿池中，同时加入浸矿药剂（草酸、硫铵）进行浸矿作业。池浸池的体积较小，一般为 100～150 m^3，其生产能力较小。最后，将浸矿池中的浸矿液从池底导出，进入母液处理车间，将浸矿尾矿捞出、排尾。尾矿的排尾直接从山坡高处卸向低处。长期的池浸排尾已经导致当地形成了很多不规范的尾砂库。池浸法开采工艺开采流程见图 7-1。

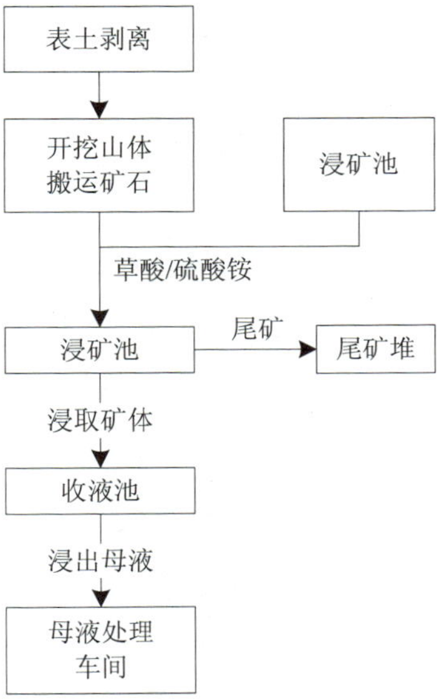

图 7-1　池浸工艺流程

2）堆浸工艺

堆浸工艺流程主要包括矿石准备、堆浸场建造、矿石筑堆、喷淋、渗滤浸出、洗堆与卸堆和稀土回收等工序。

①矿石准备。对划定的矿段进行表土剥离和矿石剥离，矿石剥离方式为人工剥离，采用手推车、铁铲等较原始的人工手段进行矿石剥离。

②堆浸场建设。堆浸场建于山坡、山谷或平地上，一般要求有 3%～5%的坡度。用各种工程机械对堆场底面进行清理和平整后，进行防渗处理，防渗材料普遍使用塑料薄膜。先将地面压实或夯实，其上铺聚乙烯塑料薄膜或高强度聚乙烯薄板或铺油毡纸或人造毛毡，在垫层上铺以细粒砂和 0.5～2.0 m 厚的粗粒砂。

③矿石筑堆。矿石筑堆是矿石堆存在堆浸场，并进行表面平整，依次在堆场表面拉沟，增强喷淋液渗透性。

④喷淋。矿石筑堆结束，在堆场表面布置喷淋管道。喷淋主管道通常采用 PVC 管，支管可用塑料管，堆场顶部表面采用摇摆式喷头，堆场四周边坡采用雨鸟式喷头。

⑤渗滤浸出。稀土溶于浸出液后，顺收液沟流入集液箱，清液顺管道流入母液池。

⑥洗堆。喷淋结束后，堆场中还存在一定的浸出母液，为防止造成稀土的流失和对环境产生影响，需要洗堆。洗堆一般用工业用水进行连续喷淋。

堆浸工艺流程图见图 7-2。

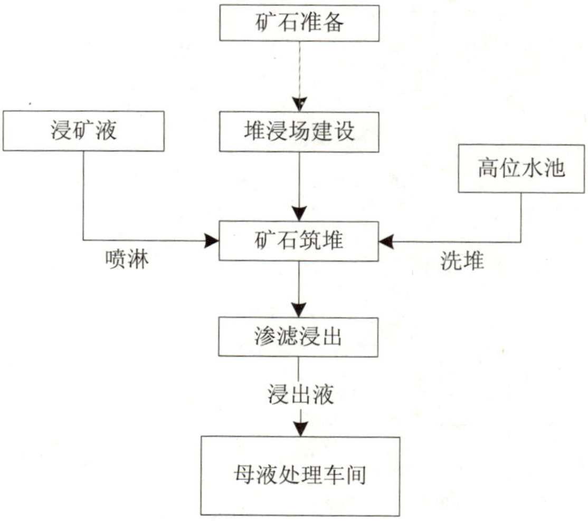

图 7-2 堆浸采矿工艺流程

3）现有原地浸矿工艺

现有原地浸矿工艺与过去池浸工艺相比，具有产量大、速度快、不开挖山体、不产生尾砂等显著的优点，因而在各离子型稀土矿山都在积极地推广使用这一工艺。原地浸矿工艺始于 1995 年，矿山综合效益较好，生产规模有明显提高。

现有原地浸矿工艺主要由高位池、注液孔、收液工程和管线工程组成。现有原地浸矿生产工艺流程见图 7-3。

①注液孔工程。注液孔为ϕ 0.3～0.5 m 小圆孔，井深为见矿 1～1.5 m，注液井网度普遍为 1.5 m×1.5 m，分布采用菱形均匀布置。为减少注液盲区，在注液井之间和矿体较厚地方，再均匀布置适量的注液浅井。每个注液孔安装注液管道及闸阀控制注液量。

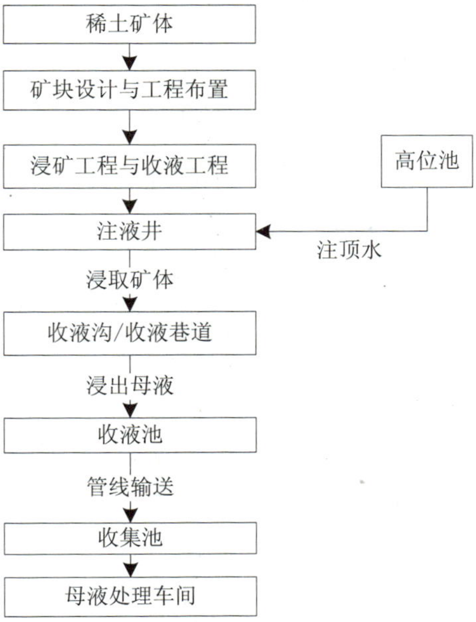

图 7-3　原地浸矿开采工艺流程

②高位池。高位池分为相对较固定的高位池和较简易的高位池，较固定的高位池根据矿区矿量分布及地形等因素确定，较固定的高位池可服务较多矿块；简易高位池一般只服务 1～2 个矿块，建简易高位池成本相对较低。高位池均位于各矿段地形较高处，一般占地面积约 100 m^2，容积一般为 100～300 m^3，池底和池壁使用防雨毡布进行覆盖，防止浸矿液渗漏和腐蚀池壁、池底。

③收液工程。分为裸脚式原地浸矿采场收液工程和全覆式原地浸矿采场收液工程。

裸脚式原地浸矿采场：原地浸矿采场根据基岩隔水层存在的高度进行收液工程的布置，如果原地浸矿采场隔水层在坡脚出露，沿其层面流的浸出液会从坡脚流出，这时只要在坡脚设置收液沟，就可将浸出液汇集回收。龙南足洞矿区基本属于裸脚式原地浸矿采场，现有工程均采用收液沟进行收集。

全覆式原地浸矿采场：矿体底板隔水层低于当地侵蚀基准面，或在坡脚处矿体底界面在潜水面以下，或隔水层（或矿体底板）起伏变化，倾向也变化。全覆式原地浸矿采场必须采取收液巷道进行收液，定南岭北矿区基本属于全覆式原地浸矿采场，现有工程主要采用收液巷道进行收集。

收液沟。在矿体的山脚下，沿矿体边界挖一条宽约为 1.0 m、深为 0.5～1 m 的收液沟，母液经天然底板流到收液沟，再经收液沟流到收液池。现有工程的收液沟均未采取防渗措施。

收液巷道。依据矿体的赋存条件，在矿体的下盘布置若干条巷道，巷道间距为15～20 m，巷道断面为梯形（1.2 m×1.8 m），巷道坡度为2°～5°，巷道底板完成后修成浅“V”字形，现有工程的收液巷道均未采取防渗措施。

母液中转池。收液池主要用于集中收液沟和收液巷道收集的母液。通常在收液沟和收液巷道下游建一个30 m^3左右的收液池，池中安一个出水口，矿块出来的母液均流到此池中转后到母液处理车间母液集中池。

④管路工程。包括浸矿剂管线、顶水管路、矿块注液管路和母液管路。

浸矿剂管线：浸矿剂管线为母液处理车间配液池至高位池管线，管路采用PVC管（DN65～80），根据实际的扬程和流量选定耐酸泵。

顶水管路：顶水线路同浸矿剂管路。

矿块注液管路（高位池至注液井）：高位池至矿块的主管路采用PVC管（DN50），主管路至各个注液井的管路采用PVC管（DN25）。

母液管路（矿块收液池至母液处理车间）：母液管路为矿块收液池至母液处理车间管路，尽可能使母液自流到母液处理车间，部分采用泵送至母液处理车间。

4）现有工艺生产方法

现有原地浸矿采矿工艺过程主要包括两个阶段：

①注液浸矿。将硫酸铵溶液作浸矿剂进行浸矿作业，将浸矿液通过注液孔注入原地浸矿采场，使得浸矿液与原地浸矿采场中的稀土矿进行交换，在此过程中，原地浸矿采场母液回收量较少，主要作用为使离子型稀土交换到浸矿液中。

②加注顶水。矿体中的稀土矿注液浸取完成后，需要对矿体进行加注顶水处理，加注顶水不再添加硫酸铵和硫酸，而是使用母液车间沉淀工序上清液直接注入注液孔中，将矿体中的稀土母液顶出；当从收液巷道里收集的液体稀土含量低于可回收程度后，停止注水，加注顶水完成。

（2）稀土冶炼分离生产工艺

稀土冶炼分离提纯工艺大体上可以分为溶矿、萃取分离、沉淀、灼烧等几个步骤。该工艺主要是将稀土氧化物经过盐酸溶解、除杂得到混合氯化稀土料液。在萃取过程主要利用P507等有机萃取剂对料液进行萃取，进行分离分组或者分离，得到单一稀土或复合稀土化合物溶液，经过碳酸氢铵或者草酸沉淀，得到稀土氧化物。稀土冶炼分离生产工艺如图 7-4 和图 7-5 所示。

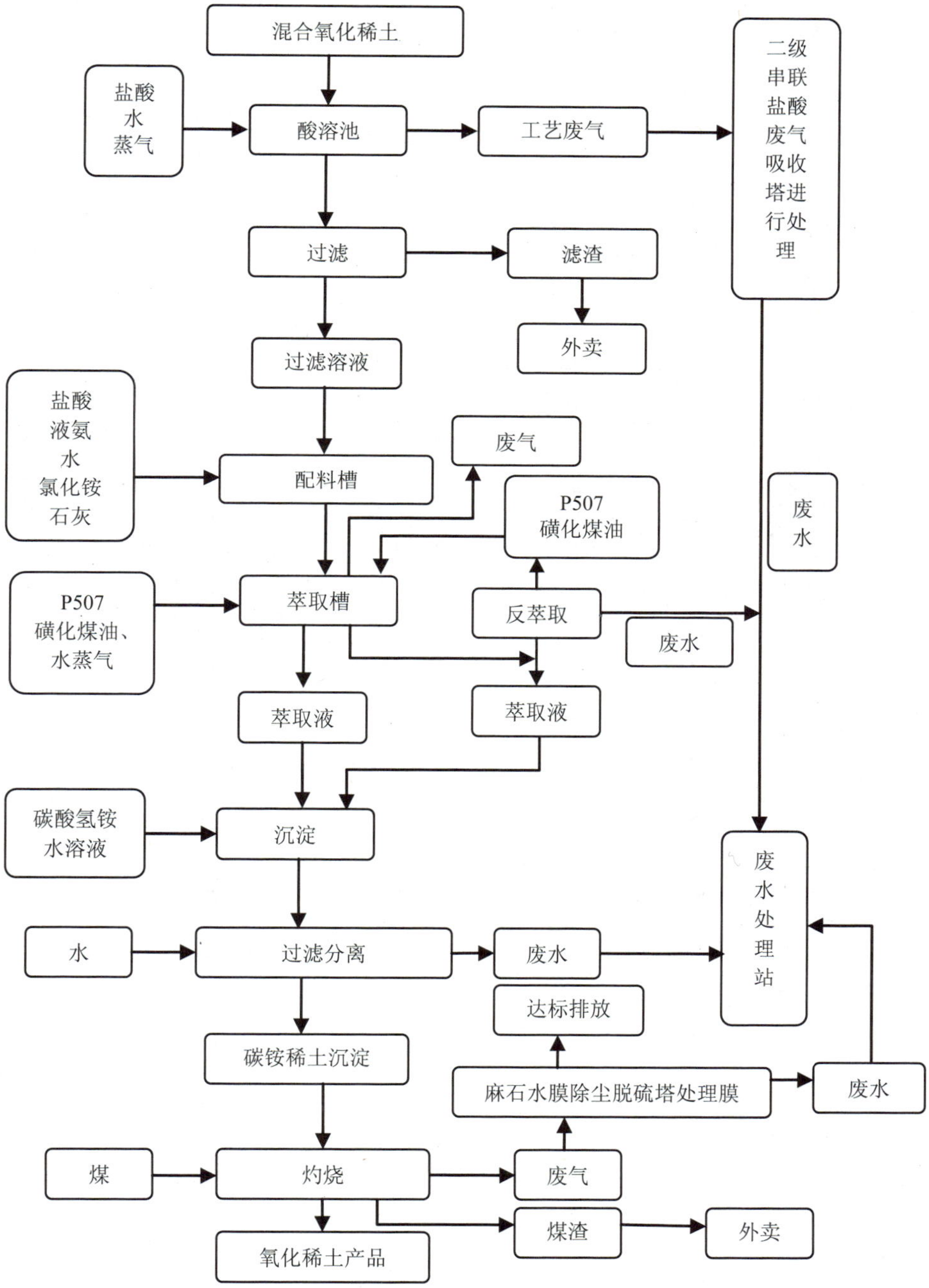

图 7-4　以碳酸氢铵为沉淀剂的生产工艺

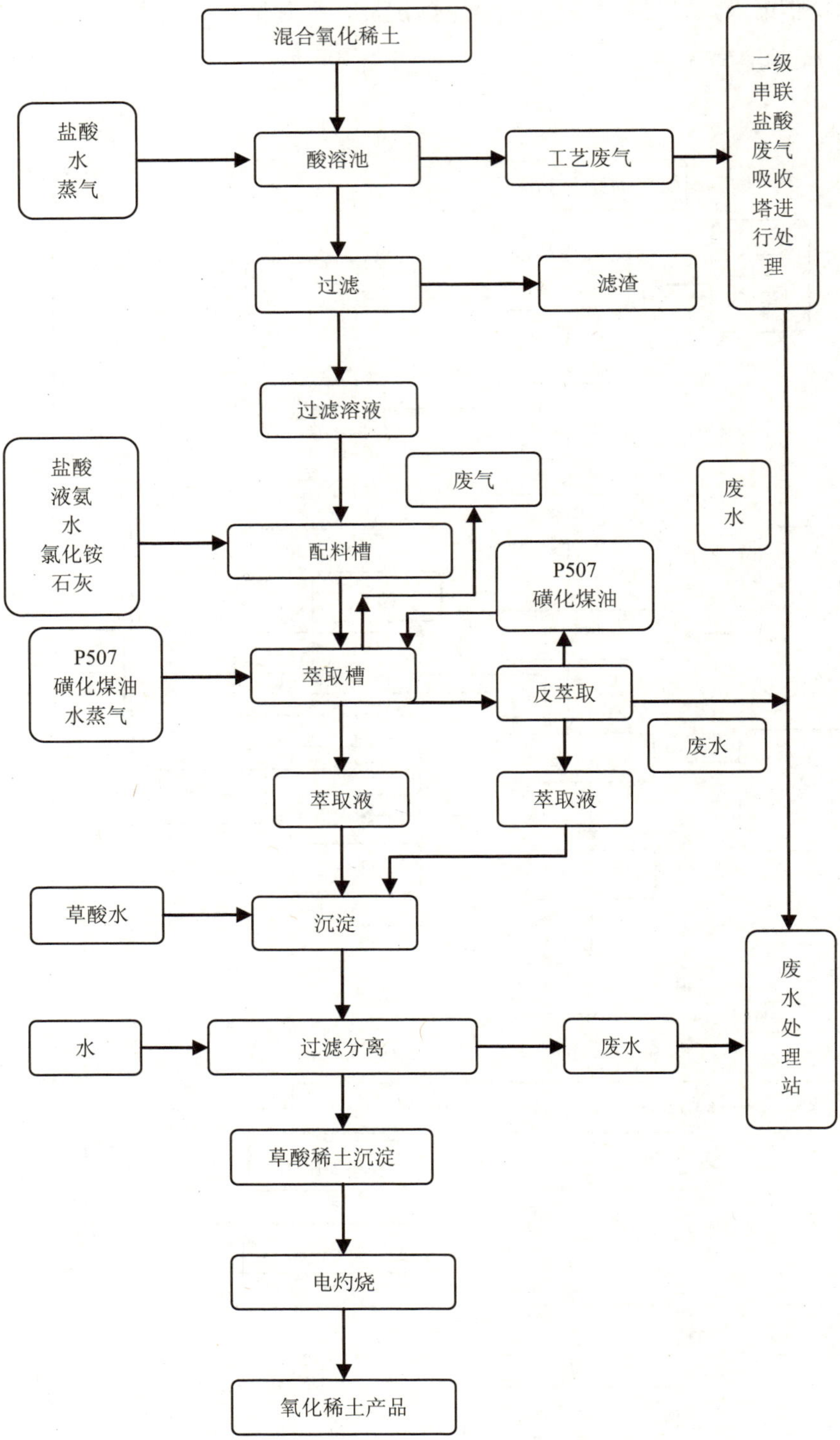

图 7-5　以草酸为沉淀剂的生产工艺

7.2 稀土矿产资源开发生态环境影响

矿产资源的开发及利用主要包括以下流程：前期的勘查、矿业的开采过程、矿业产品的加工过程，这些开发的步骤构成一个完整的矿产资源开发体系。地质勘探是矿产资源开发的前期准备工作，基本不会对生态环境产生影响；矿产资源开发过程的核心部分是采矿过程和矿产加工，这两个步骤对周边生态环境都会产生较大的影响，且在这两个不同开发利用环节会产生不同类型和不同程度的生态环境问题。如矿业开采，其过程是针对客观存在的矿体和矿床，其生产场所一般布局在矿床周围，采矿往往会带来植被破坏、耕地占用、水土流失、地质灾害等生态破坏问题，另外还有因废水、废渣等引起的水体污染，甚至放射性污染问题。而矿产加工环节更多造成的是环境污染问题。

稀土资源开发利用的不同环节都会产生不同程度和不同类型的生态破坏和环境污染问题。而且，稀土矿产资源的特性不同，生产工艺和产品也有很大差别，生态破坏和污染排放类型和程度也因此存在较大差异。赣州稀土资源属于中重离子吸附型稀土资源，其采矿、选矿及冶炼分离过程独特。

7.2.1 开采对生态环境的影响

7.2.1.1 不同稀土开采工艺对生态环境的影响

赣州稀土开采历经 40 多年。1970—1999 年基本采用池浸生产技术生产，2000—2003 年池浸和原地浸矿生产各占 50%，2004 年后全部采用原地浸矿技术生产。三种不同的开采工艺对稀土矿山的生态环境产生了不同的影响（表 7-1）。

（1）“露采—池浸”工艺

该工艺自 20 世纪 70 年代问世，俗称“搬山运动”，即“表土剥离—矿体开采—运矿浸矿池—回收稀土浸出液并排放尾矿”。该工艺的特点主要有：①开采时扰动和破坏大量的地表植被，产生大量的固体废物，开采深度大。据统计，每生产 1 t 氧化稀土要破坏 160～200 m^2 地表植被，剥离 300 m^3 地表土，消耗 1 201～2 001 t 矿石，产生尾矿 1 200～2 000 t，沙化土地约 1 亩，年造成水土流失 1 200 m^3。②为便于矿石的采、运、排（尾矿），浸矿池多建在山坡矿层的中下部，易造成尾矿压矿，资源回收率低（大中型矿山 40%～50%，大量小矿点仅 20%～30%）。③母液收集率低，容易造成工业用水污染。

表 7-1 离子吸附型稀土三种开采工艺原理及对生态环境的影响

开采工艺	原理	生态环境影响
池浸工艺	首先，砍伐地表植被，剥离矿体表土；其次，采掘矿石，将矿石运输至浸析池；最后，用溶浸液将池中稀土浸出，尾砂搬运至堆弃场	①严重破坏地表植被； ②容易造成水土流失和产生大量尾砂； ③工艺产生的废水会污染饮用水和农田灌溉用水； ④可能造成泥石流或滑坡
堆浸工艺	原理与池浸相似，不同之处是将矿石放入堆浸场中将稀土浸出	①严重破坏地表植被，对生态的破坏巨大； ②容易造成水土流失和产生大量尾砂； ③工艺产生的废水会污染饮用水和农田灌溉用水； ④可能造成泥石流或滑坡
原地浸矿工艺	将溶浸液通过注液孔注入矿体，交换解析出稀土离子，通过集液沟内收集稀土母液	①易造成稀土浸出液泄漏，污染地下水； ②可能造成山体滑坡

资料来源：邹国良. 离子型稀土矿不同采选工艺比较：基于成本的视角[J]. 有色金属科学与工程，2012，3(4)：53-56.

（2）堆浸工艺

该工艺始于 20 世纪 90 年代后期，其生产过程与池浸工艺基本相似，“表土剥离—矿体开采—筑坝堆浸—回收浸液”循环反复。该工艺因普遍采用大型机械采挖、装运，因而其生产规模较池浸要大。

堆浸工艺对地表植被的直接破坏与池浸工艺一样，所占的堆场，仍然要占用大面积场地。堆浸后的尾砂直接留在堆场中，有些矿点在原堆浸后的尾砂上重新筑坝堆浸，循环反复 2～3 次。坝体的质量好坏直接影响到尾砂的堆存，一旦溃坝，尾砂大量下泄，对生态环境造成的破坏甚至比池浸工艺更大。

（3）原地浸矿工艺

该工艺为“八五”期间国家重点科技攻关成果，流程即“原地打井—注液渗透—母液回收”。其工艺特点主要有：①革除了池浸工艺中的剥、采、运、排等工序，极少破坏地表植被，不开挖山体，母液收集率大于 90%，实现了工业用闭路循环。②资源利用率达 70%以上，在浸矿范围内的所有参与离子交换的稀土元素都能浸采。③尾砂产出量大幅下降，每生产 1 t 稀土产品产出的尾砂比池浸工艺的少 220 t 左右。

但是由于注液井设计或施工不当或生产现场管理不到位，在原地浸矿生产过程中，有可能发生采场滑坡事故，滑坡产生的泥沙对矿区环境造成污染。另外，这种方法的采取适合一些底板平整的矿山，而对一些底板不平整的地区，原地浸矿的污染将更加严重。

7.2.1.2　稀土开采生态破坏和环境污染状况

（1）稀土开采对生态造成生态破坏

采用早期的池浸采矿技术时，采矿要剥离表土，破坏地表植被，浸出稀土后的矿渣随意堆砌，造成严重水土流失，河道堵塞，遭受重创的生态环境一时难以恢复，许多矿区至今寸草不生。图 7-6 为乡际联办稀土矿矿山、老李坑二矿矿山，图 7-7 为老李坑二矿山原地浸矿、老李坑二矿山脚母液集中地。

乡际联办稀土矿矿山

老李坑二矿矿山

图 7-6　稀土矿池浸

老李坑二矿山原地浸矿

老李坑二矿山脚母液集中地

图 7-7　稀土矿原地浸矿

2000 年后，原地浸矿技术的应用，使生态破坏的现象有所改观，但建池等生产设施仍会造成一定的生态破坏，同时，受利益驱动，稀土无证开采的现象时有发生。水土流失和生态破坏基本上没有得到有效的控制。环保部卫星应用中心根据国家卫星监测结果分析，处于江西赣州国家级稀土规划区的 7 个县（龙南、寻乌、定南、赣县、安远、信丰、全南）内，2000 年因稀土开采而造成的区域性生态破坏面积为 32 km^2，2010 年达到了 152 km^2，10 年间扩大了 5 倍。赣州市列入国家重点和生态功能区——南岭山地森林及生物多样性生态功能区的 8 个县（定南、龙南、全南、寻乌、安远、大余、崇义、上犹）内，2000 年因稀土开采而使区域生态受到影响的面积为 25 km^2，2010 年达到 123 km^2，也扩大了近 5 倍。

（2）稀土开采对地表水和土壤环境的污染

离子型稀土矿淋出液中除含有主要杂质离子 Al^{3+}之外还含有多种重金属离子。任意堆积的尾矿和残渣中含有大量与矿物伴生的重金属元素，如铜、锌、镉等重金属的化学形态及迁移能力与其水环境中 NH_4^+的活度及它们各自的氨络合离子稳定常数密切相关，NH_4^+的大量存在使铜、锌、镉容易产生再生污染。如果残渣和尾矿未经相关处理或进行防护必然导致重金属对周边环境的严重影响。另外，离子型稀土矿的开采需使用浸矿化学药剂如硫酸铵、碳酸氢铵将稀土元素交换解析进而获得混合稀土氧化物。解析 1 t 稀土需要消耗 78 t 液氨，沉淀阶段还需要 56 t 液氨，如果沉淀阶段用草酸则需要 2.2 t（但草酸成本高）。在大量使用硫酸铵碳酸氢铵所产生的废水中，氨氮和硫酸根含量严重超标，高达 3 500～4 000 mg/L。即使经过地表水和地下水稀释，在春季，废水中的氨氮和硫酸根含量也高达 80～110 mg/L，冬季则高达 90～160 mg/L。而农作物生长的适宜含量仅为 25 mg/L。同时废水硫酸根和氨氮很容易渗入到地下水、地表水和土壤中，导致山地土壤退化，水源和农田受到污染，致使农田绝收、山林被毁、水库鱼死，对生态安全造成了极大的威胁。不仅如此，由于游离氨的毒性比铵盐大几十倍，且其毒性会随着碱性的增强而增大。废水中的氨氮在一定条件下可以转化成亚硝酸盐，而亚硝酸盐与人体蛋白质结合会形成亚硝胺，这是一种强致癌物质，长期饮用含有亚硝酸盐的污染水源会严重损害人的身体健康。

2011 年 7—9 月对赣南主要稀土矿区做现状监测报告，及 2012 年 7 月对龙南、全南、定南、寻乌、安远、信丰六县进行的停产半年后矿区地表水污染现状监测报告①表明，稀土矿开采对地表水造成严重影响。稀土开采期间矿区地表水严重超标，矿区内地表水主

① 资料来源：《赣州市环境质量报告书》（2012 年度）。

要污染因子氨氮、总氮最大超标倍数分别为 295 倍和 358 倍，水质呈酸性，最大超标 1.56 个 pH 单位，矿区内地表水监测断面超标率为 88.7%。部分背景断面（小溪上游）也严重超标，矿区下游的地表水河流也经常处于超标状态。

停产期间包括废弃矿点，矿区地表水中主要污染因子氨氮、总氮最大超标倍数分别为 198 倍和 263 倍，水质呈酸性，最大超标 1.47 个 pH 单位。停产期间与开采期间对比，停产期矿区地表水质总体好于开采期，但仍然存在污染，矿区地表水超标断面比率仍有 80%以上。这主要是由于原地浸矿生产工艺的生产特点所决定，原先采矿注入地下的氨氮随雨水淋溶缓慢释放于地表水，因此即使停产后仍然还将继续产生污染，矿区地表水环境恢复需要一个较长时间。同时，部分矿区及周边的农田灌溉用水和饮用水受到一定污染。

（3）稀土开采对人体健康的影响

江西赣南地区是我国离子型稀土矿床的重要分布区和稀土开发区。江西赣南地区南部土壤系富含稀土元素的花岗岩风化而成，可交换态稀土（REO）占总量的质量分数为 40%～90%，REO 一般达 400～2 000 μg/L。自然环境中的稀土通过生物链、食物链或皮肤吸收进入人体或动物体内，并在人、动物体内蓄积。轻稀土主要积累在肝脏内，重稀土主要积累在骨骼里，并产生毒理效应。稀土区的蔬菜、粮食及畜禽从环境（土壤和水）中吸收 RE，并通过食物链使该地区人群长期摄入低剂量 RE。赣南重稀土区、轻稀土区及对照区的成人总稀土元素膳食摄入量分别为 6.67 mg/d、5.98 mg/d 和 3.33 mg/d（以 REO 计）。对老鼠的相关毒性研究发现，高浓度稀土会抑制动物体重增长，导致肝细胞损伤和肝代谢紊乱，影响其生理功能，使雄鼠精子活力下降、雌鼠排卵数减少，神经系统氧化损伤，大脑皮质基因和蛋白表达降低，血液中的白细胞、淋巴细胞、中性粒细胞数量不断减少。吴磊等对赣南稀土矿区 51 例白血病患者进行研究后发现，稀土环境暴露史与当地白血病发病有关。朱为方等对赣南重稀土区（A 区）、轻稀土区（B 区）和对照区（C 区）自然人群进行的调查表明，稀土区土壤、饮水和食物中稀土含量均高于对照区（表 7-2），研究表明，赣南稀土含量较高的地区，儿童智商均数、记忆力均比对照组的儿童低下。稀土含量越高地方的儿童注意力和推理能力越低，重稀土表现更为明显，这可能是因为重稀土较轻稀土更容易在大脑积蓄或毒性更大。高剂量稀土对眼睛有损害作用，可强烈地刺激眼结膜，引起角膜溃疡等眼疾，诱发骨质疏松症；长期接触稀土危及女工的生殖功能，女工月经量减少率和月经异常量数据均高于对照组的相关数据。冯嘉等调查了生活在江西赣南轻稀土高背景区和对照区未从事过稀土采选作业和无任何病史的当地20～50 岁表观健康农民，结果发现稀土的长期摄取必定加重人体肝、肾负担，并对人体的某些免疫功能产生一定的负面影响。

表 7-2　江西赣南各调查区稀土含量比较（以 REO 计）

项目	A 区	B 区	C 区
土壤中稀土含量/10^{-6}	460	244	217
饮水中稀土含量/（μg/L）	15.9	47.0	0.92
膳食稀土摄入量/（mg/d）	6.67	5.98	3.33

注：稀土摄入量根据 15 种主要日常食物计算。

7.2.2　冶炼分离对生态环境的影响

离子吸附型稀土矿冶炼过程中的主要问题是普遍采用氨水皂化-萃取分离稀土工艺，产生大量废水，按照目前行业平均指标，每分离 1 t 南方离子型稀土矿（92%REO），将消耗 1～1.2 t 液氨，同时，部分稀土产品采用碳铵沉淀过程中也产生大量氨氮废水。废水主要有盐酸净化有机相再生洗涤水、稀土皂化、萃取废水、反萃有机相洗涤水、草酸稀土沉淀废水及稀土沉淀洗涤水、生产车间地面冲洗水和锅炉房排水，生产废水总排放量为 145 m^3/t REO。

稀土分组、分离过程中：NH_4^+皂化 P_5O_7-HCl 萃取工艺产生含 NH_4Cl、氨氮、BOD_5、COD_{Cr} 废水；Na^+皂化 P_5O_7-HCl（或环烷酸萃钇）萃取工艺产生含 NaCl、BOD_5、COD_{Cr} 废水；钙皂化 P_5O_7-HCl 萃取工艺产生含 $CaCl_2$、氨氮废水；钙、镁非皂化 P_5O_7-HCl 萃取工艺产生含 $CaCl_2$、$MgCl_2$ 废水。皂化废水的阳离子质量浓度为 100～200 g/L。

在单一（或混合）氧化物草酸（或碳酸氢铵沉淀）过程中：产生废水 45 m^3/tREO，碳沉废水的氨氮质量浓度为 10～100 g/L，草酸稀土沉淀产生的废水水质为 pH 1～1.5、COD_{Cr} 质量浓度为 500～1 000 mg/L、$C_2O_4^{2-}$质量浓度为 1 000 mg/L、NH_4Cl 含量较高。

离子吸附型稀土矿，各地产的精矿含钍、铀差别较大，以寻乌、龙南、揭西、平远等产的含 REO90%以上精矿为例，ThO_2 含量小于 0.002%，U_3O_8 含量小于 0.032%，总放比活度 2×10^4Bq/kg，属于非放射性矿。但由于生产过程中，稀土精矿用盐酸分解，钍、铀富集到酸溶渣中，其铀含量为 0.031%，钍含量为 0.14%，总α比活度为 1.23×10^5Bq/kg；总β比活度为 9.26×10^4Bq/kg，属放射废渣。不少企业未建库存放，给环境造成了辐射危害。

宋谨信等对赣南稀土金属的主要生产单位进行卫生学和职业危害的调查发现，作业环境可吸入性粉尘浓度及游离二氧化硅含量均较高，除对皮肤、上呼吸道有一定刺激作用，表现为皮肤干燥、粗糙、皮炎类皮疹，慢性鼻炎和慢性咽炎外；还可引起肺纤维化改变和呼吸功能障碍，11 例可疑尘肺“0^{+}”中，4 例纯属接触稀土粉尘者，工龄在 8 年以上。

在放射性污染方面，虽然赣州离子吸附型稀土精矿也属于伴生放射性矿，含有天然放射性元素钍和铀，但由于其放射性比活度很小，给当地居民造成的辐射伤害，与矿企排出的废水、废渣、废气给当地生态环境与居民造成的人身健康相比，可以忽略不计。

7.2.3　重点地区生态环境影响

赣州市轻稀土、重稀土分布集中，龙南足洞重稀土矿占全市重稀土矿资源储量的 60%；寻乌河岭、南桥二矿区占全市上表轻稀土资源储量的 100%；中稀土分布分散，保有资源储量分布在定南、信丰、安远、赣县、兴国、宁都等六县 51 个矿区。但大规模稀土矿产资源开发推动经济发展的同时，矿区地质环境付出了沉重的代价——自然植被惨遭破坏、表层土壤被剥离、弃置、矿渣乱堆、废水滥流等，由此造成矿区土地资源利用率大大降低、人均耕地减少、河流河床淤高、水质污染等非常严重的民生问题。

赣州市废弃稀土矿山治理区内的矿山地质环境问题均为 2006 年以前因采矿活动造成的。当地 11 个矿区被划入规划矿区名单，总规划矿区面积为 2 534 km^2，涉及赣州市辖区内的 7 个稀土主要生产县。据统计，赣南地区开采稀土每年破坏生态植被 1 500 亩，形成荒漠山地约 3 195 亩，产生废弃土、尾砂 1 600 万 t。2010 年 12 月初至 2011 年 1 月 10 日，赣州市启动了废弃矿山摸底调查工作，调查结果表明：赣州市共有废弃稀土矿山 408 个，面积约为 258.76 km^2，已经治理面积为 47.21 km^2，正在治理面积为 8.75 km^2，尚未治理面积为 202.82 km^2。根据赣州市废弃稀土矿矿山地质环境摸底调查，过半的矿区周边 1 km 内，都为村落点，因为稀土矿的开采，使得其人均耕地平均减少了近 50%，然而稀土矿开采的废弃地，却因为土壤酸性过高、有机质流失、失去耕种能力而处于废弃状态[①]。

① 《江西省赣州市废弃稀土矿矿山地质环境治理项目可行性研究报告》（2012）。

赣州市重稀土分布区——龙南县，矿区植被覆盖率由开采前的 40%～70%到基本无植被覆盖，矿区植被破坏极其严重，且采矿场地多呈酸性，不利于植物的生长。矿区内异地浸矿工艺采矿造成植被遭受破坏的面积约为 $261.04\times10^4\,m^2$，形成潜在的水土流失威胁。因露天剥离开采及废土尾砂堆放，据不完全统计，矿业废渣总量达 2 200 万 m^3 以上，导致矿区万余亩山地荒芜、岩石裸露、砂土遍地等矿业荒漠化问题严重，形成重大水土流失等矿山次生地质灾害隐患。另外，由于废土尾砂堆放及水土流失非常严重，导致足洞、富坑及关西等地 8 000 余亩的植被被破坏，黄沙、东江、渡江及汶龙等乡镇 400 多亩农田被废土尾砂冲积覆盖成荒草地，低谷间大量房屋及电线杆被埋，而矿区下游黄沙河、富坑河及马古河等河道严重受淤（淤塞厚度达 1 m 以上，现河床深度不足 1 m），泄洪能力明显不足，致使黄沙、东江等乡镇 1 000 亩农田常年受淹。

赣州轻稀土分布县——寻乌，素有“稀土王国”之称，寻乌县稀土开采始于 20 世纪 70 年代，已有 40 多年的开采历史。2007 年 8 月起，寻乌县全面停止了稀土生产。3 年来，寻乌县稀土生产只完成 600 多 t，2011 年，寻乌县只生产 192 t。因稀土开采早期采用池浸、堆浸工艺，需将含有稀土的表层土剥离后运送到固定的池浸或堆浸中，注入大量硫铵等酸性电解质萃取，生产工艺相对简单粗放，地表土层有机质遭到破坏，造成大面积的植被破坏、资源浪费、水土流失、土壤板结、矿区沙化、河床抬高等一系列问题。据测算，每开采出 1 t 稀土氧化物大约需剥离表土及产生稀土尾砂 3 000 t，对矿山地质环境造成极大破坏，土壤呈现酸性、板结状态，植物难以生长。据不完全统计，全县的水土流失面积约 366.52 km^2，占全县国土面积的 16%，且仍有上升趋势，全县地表水水质总体令人担忧，寻乌河水位流量大幅下降，寻乌河干流斗晏出口断面年流量比 2000 年减少了 2 亿 m^3，并呈逐年下降趋势，稀土矿区的水土流失还伴随放射性物质和重金属离子，大量直接进入河床，将产生持久的破坏性后果，已严重影响矿区附近 5 万人口的生产生活和经济发展，直接造成近 13 万人口饮水安全及 15 万亩农田灌溉困难。寻乌县废弃稀土矿山总面积 22.303 7 km^2，其中采剥区 13.164 369 km^2（19 747 亩），占治理总面积的 59.9%，尾砂堆积面积 2.164 115 km^2（3 246 亩），占治理总面积的 9.9%，尾砂淤积污染面积 6.631 666 9 km^2（9 948 亩），占治理总面积的 30.2%。经测算，如果对全县所有稀土废弃矿山进行全面恢复治理，工程治理费用需 8.5 亿～11 亿元①。

① 引自《寻乌县废弃稀土矿山地质环境治理项目可行性研究报告》。

赣州市中稀土主要分布县——定南县，经初步查明，累计废弃矿山近 100 个，面积约 15 km^2，其中废弃稀土矿山 86 个，面积 14.23 km^2，初步预算所需治理资金 8 亿多元。定南县地处江西南部，雨量丰富，植被生长旺盛，定南县废弃矿区均属林地生态系统，未开采稀土山体植被覆盖率达 80%以上，废弃矿山植被覆盖率不大于 10%，就像一块红色的伤疤赫然出现在这一片绿林当中，土地荒芜，沟壑纵横，让人扼腕叹息，极大地破坏了该地区固有的美好生态景观。而定南县是东江的主要发源地之一，全县面积 1 321.12 km^2。据江西省遥感调查数据显示，定南县现有水土流失面积 338.21 km^2，占土地面积的 25.6%，其中：轻度流失面积为 199.31 km^2，中度流失面积为 102.53 km^2，强度流失面积为 30.01 km^2，极强度流失面积为 5.52 km^2，剧烈流失面积为 0.84 km^2。近年来通过一些小规模的治理，源区内共治理水土流失面积 56.34 km^2，共投入资金 3 164.06 万元。定南县东江源区内目前仍有水土流失面积 338.21 km^2，按照国家水土流失治理 35 万元/km^2 治理标准，全面治理东江源区 338.21 km^2 的水土流失需投入资金 11 837.35 万元，如果治理标准提高到 50 万元/km^2，则需要投入资金 16 910.5 万元[①]。

7.3　稀土资源开发生态环境成本核算方法

7.3.1　核算范围

（1）稀土资源开发环境成本的界定与构成研究

关于矿产资源开采环境成本的概念界定，吴强（2008）认为矿产资源开发环境代价是指由于开发矿产资源而引起的环境污染、生态破坏经济损失及环境管理、维护、治理恢复成本之和，具体将矿产资源开发环境代价按产生的时间序列分为三部分：一是环境管理及清洁生产设备投入，称为防护性支出；二是生产过程中造成的环境污染和生态破坏经济损失；三是已破坏生态环境的恢复治理成本。杨芳英（2013）根据需要将废水处理、复绿工程、地质环境治理、重金属污染防治、尾矿和大宗工业固体废物综合利用、工矿废弃地复垦等矿山环境综合治理费用等同于稀土开发环境代价。

① 引自《定南县东江源区水土保持生态建设情况报告》（2014.1）。

本书结合环境成本的研究成果、矿产资源开发环境成本以及相似概念的研究成果，并根据稀土资源开发的概念范围界定将稀土资源开发环境成本定义为：稀土资源开发过程（包括开采、选矿、冶炼分离）中引起的环境污染和生态破坏经济损失（生态环境损失成本）、环境污染治理及生态破坏恢复费用（生态环境恢复治理费用）以及对环境管理相关费用（环境事务成本）。在稀土资源开发过程中产生的环境污染和生态破坏的经济损失毫无疑问是成本的一部分。另外，稀土矿业企业从事稀土开发活动，在环境保护方面也有一定的限制和要求，如废气和废水的排放要达到一定的标准、破坏的生态环境需要恢复治理等，而要达到这些要求，企业必须投入一定的资金和人力，这部分投入属于生态环境恢复治理费用和环境事务成本，这两项也是生态环境成本的一部分。但是生态环境损失成本属于外部成本，而生态环境恢复治理费用和环境事务成本都属于稀土矿业企业的内部成本。

为了避免环境成本的重复计算，可以按照下面方法进行。如果恢复治理工程实施了，那么就会有实际的成本投入；而环境污染和生态破坏也造成了实际的实物损失，因而也付出了代价。在这种情况下，并没有出现重复计算。假设恢复治理工程没有实施，也就是说恢复治理的成本没有实际投入，如果把这部分成本加入到总成本中，就出现了重复计算问题。因此，为避免出现重复计算，在计算过程中应以计算年内的实际损失和实际投入为依据。

（2）赣州稀土开发环境成本的核算范围——环境外部成本

本书中环境成本是生态环境成本的简称，因为资源开发过程中不只影响环境要素，还会对生态系统造成破坏。根据已有研究成果，环境成本分为环境内部成本和环境外部成本。其中环境内部成本包括生态环境恢复治理费用和环境事务成本，即稀土矿业企业从事稀土开发活动，在生态环境保护方面也有一定的限制和要求，如废气和废水的排放要达到一定的标准、破坏的生态环境需要恢复治理等，而要达到这些要求，企业必须投入一定的资金和人力；环境外部成本是指稀土采选、冶炼分离过程中造成的地下水资源破坏、林地、土地破坏等生态破坏损失以及“三废”排放造成环境污染损失。

由于环境内部成本责任和费用明确，稀土矿业企业已纳入会计系统并分配到稀土生产成本中，而环境外部成本本该由生产者承担，通过生产者向受害者进行赔偿而内部化，但由于目前尚且未能对其明确计量，造成生产者未承担赔偿责任或承担的赔偿责任不完全，从而对社会造成一种外部不经济性。因此，本书只核算赣州中重稀土资源开发的环境外部成本，在核算过程中以实际损失为依据。

7.3.2　核算框架

结合第 3 章至第 5 章的核算方法以及赣州稀土开发数据实际可得性，本章按照如图 7-8 至图 7-10 的核算框架对赣州市中重稀土资源开采阶段的生态破坏损失、环境污染损失以及冶炼分离阶段的环境污染损失进行核算。

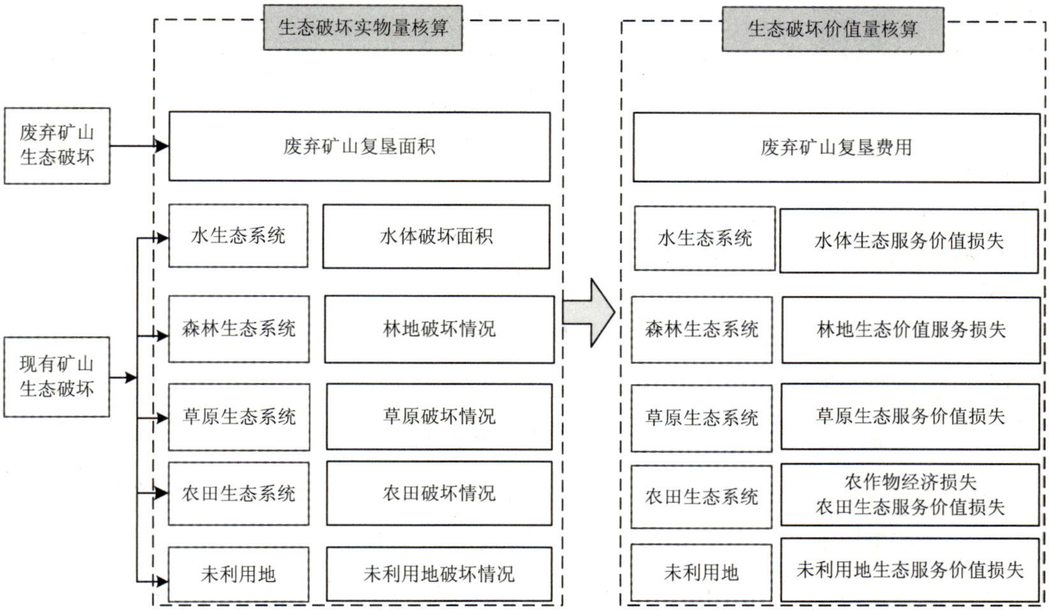

图 7-8　南方离子型稀土资源开采生态破坏损失核算框架

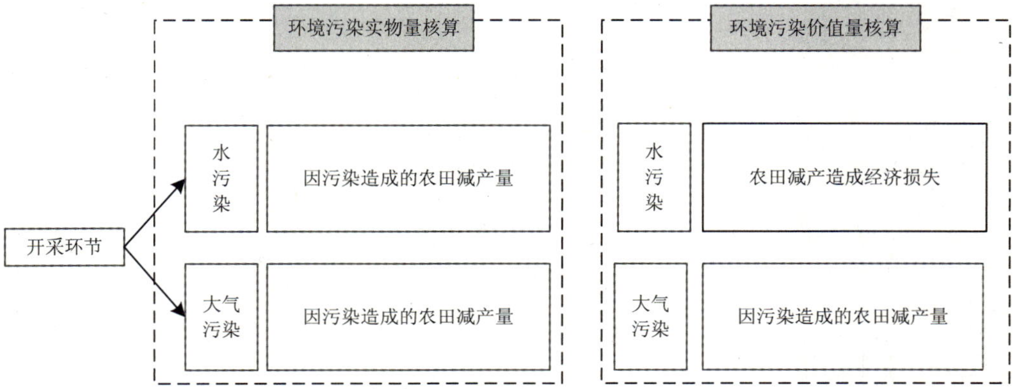

图 7-9　南方离子型稀土开采环境污染损失核算框架（基于污染损失法）

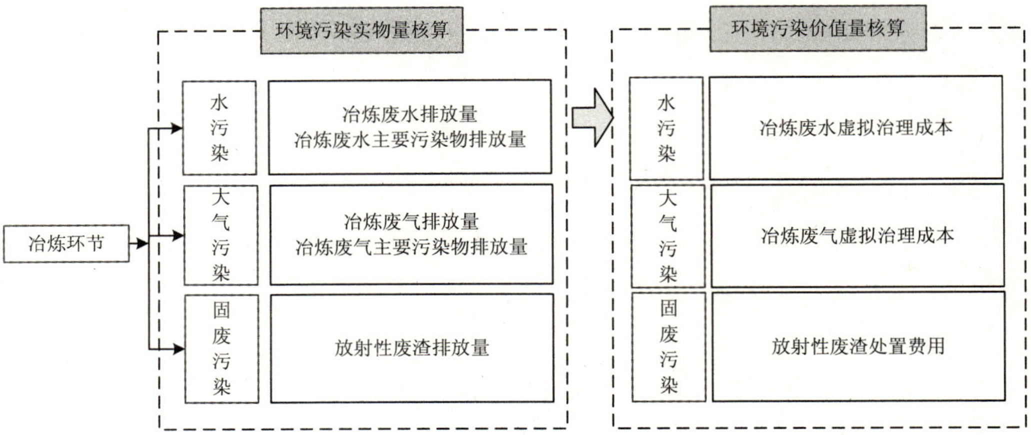

图 7-10　南方离子型稀土冶炼分离环境污染损失核算框架（基于治理成本法）

7.3.3　核算方法

根据第 3 章至第 5 章确定赣州中重稀土环境成本的核算方法如下：

（1）实物量核算方法

环境污染实物量核算方法主要有：一是以环境统计数据为基础，并对应价值量方法与内容，综合核算全口径的各环节主要污染物的排放量。二是在没有统计数据的情况，通过相关研究与经验公式，对污染物排放量或生态破坏量进行估算；三是建立数学模型，采用排污系数法对污染物的排放量进行核算。

生态破坏实物量核算方法包括遥感解译、实地调查和相关研究。

（2）价值量核算方法

环境外部成本的核算方法包括基于成本的核算方法（即治理成本法——对应的价值量为虚拟治理成本）和基于损害的核算方法（即污染/生态损失法——对应的价值量为环境/生态退化成本）。虚拟治理成本不是环境退化的真实成本，因为治理成本法在计算时忽视了生态破坏、环境污染造成的污染损失，因此，采用治理成本法的核算结果只是环境外部成本的“最低值”。而污染/生态损失法核算得到的结果才是真正的生态破坏和环境污染造成的生态环境降级/退化成本，也体现出了生态修复、污染治理的效益，可作为环境外部成本的“最高值”。本书在介绍核算方法时将污染/生态损失法、环境/生态退化成本简称为污染损失法和环境退化成本。本书采用的实物损害货币化的方法有市场价值法、防护费用法、恢复费用法、影子工程法、机会成本法、人力资本法等，公式表达见表 7-3。

表 7-3　实物损害货币化方法的公式表达

方法名称	公式表达	符号含义
市场价值法	$B=\int_{Q_2}^{Q_1}P(Q)\mathrm{d}Q$	Q_1、Q_2：产品污染前、后单位产量；P（Q）：该产品供给的需求曲线函数；B：该产品生产某一时间段内价值的变化
恢复费用法	$L=\sum_{i=1}^{n}C_i\cdot Q_i$	L：污染的恢复费用；C_i：i 项资源原有环境功能的单位恢复费用；Q_i：需恢复的 i 项资源的总量
机会成本法	$S=(G_0-G)\cdot P$	S：损失的机会成本；G_0：参照地区的人均 GDP；G：矿区居民人均 GDP；P：矿区居民总人口
人力资本法	$V_x=\sum_{n=x}^{\infty}\frac{(P_x^{\ n})_1(P_x^{\ n})_2(P_x^{\ n})_3}{(1+r)^{n-x}}\cdot Y_n$	V_x：过早死亡造成的经济损失；$(P_x^{\ n})_1$：年龄 x 的人活到年龄 n 的概率；$(P_x^{\ n})_2$：年龄 x 的人活到年龄 n，并且具有劳动能力的概率；$(P_x^{\ n})_3$：年龄 x 的人在年龄 n 还活着，具有劳动能力且有工作的概率；Y_n：年龄为 n 时的收入；r：贴现率
防护费用法	$D=\sum_{i=1}^{n}F_i\cdot R_i$	D：防治工程总费用；F_i：防护或恢复第 i 种资源原有环境功能的费用；R_i：主体对资源环境破坏的责任比例

稀土开采阶段的生态破坏价值量核算是基于单位生态系统破坏面积的价值量（即 Costanza 生态系统服务价值理论）和中国陆地生态系统单位面积生态服务价值表。而水污染价值量和大气污染价值量核算均基于污染损失法。稀土冶炼分离阶段的环境污染核算是基于治理成本法。

7.4　环境成本核算结论

由于调研数据限制，本书将通过案例研究分别核算出开采阶段和冶炼分离阶段生产 1 t REO 的外部环境成本，从而得到单位 REO 的环境成本。最后根据赣州市历年 REO 的产量核算每年稀土开发产生的外部环境成本。

7.4.1　稀土开采外部环境成本核算

本书将首先选择数据比较全面的×县某矿区 2011 年的开采相关数据，核算出稀土开采导致一定范围破坏面积下的外部环境成本和生产 1 t REO 的外部环境成本，然后根据稀土开采直接破坏面积，估算赣州市 2001 年、2005 年、2009 年和 2013 年稀土开采导致的外部环境成本。

7.4.1.1 ×县某矿区案例

×县某矿区面积 12.311 km^2，有 15 个矿山，1994 年前为池浸工艺，1995 年开始为原地浸矿工艺，设计生产能力为 19 915 t/a 碳酸稀土，折合 92%的混合氧化稀土 5 690 t/a。2011 年实际生产 2 600 tREO。用 Costanza 生态系统服务价值理论与中国陆地生态系统单位面积生态服务价值表来计算×县某矿区 2011 年稀土资源开发的生态破坏成本；利用市场价值法核算环境污染造成的农作物经济损失；最后由于数据限制，对人体健康损失进行定性分析。

（1）土地恢复治理费用

自 1995 年开始原地浸矿至 2011 年，×县某矿区原地浸矿采空区占地面积为 1 772.68 hm^2，工业场地占地面积为 41.07 hm^2；而龙南足洞矿区土地利用现状（2011 年）中林地、草地、农业用地（耕地和园地）、水体、未利用地的比例分别为 77.55%、1.60%、7.38%、1.39%、0.60%[①]。

本书将已破坏的土地类型均算作是需要恢复的土地（建设用地除外），需要恢复原地貌的土地（原地浸矿采空区和工业场地）总面积设为 1 813.75 hm^2。假设自 1995—2011 年的 16 年间每年占用或破坏土地面积相同，那么 2011 年需要恢复的土地面积为 113.36 hm^2。

由于×县某矿区已经建设和开采多年，原地貌各类土地结构的数据难以收集。本书假设破坏的原地貌分为林地、草地、农业用地、水体和未利用地（排除了建设用地），而且这几类土地 2011 年的比例与原地貌的比例一致，那么在 113.36 hm^2 需要恢复原地貌的土地中，各类土地需要恢复的面积为：S_1（林地）为 87.91 hm^2，S_2（草地）为 1.81 hm^2，S_3（农业用地）为 8.37 hm^2，S_4（水体）为 1.58 hm^2，S_5（未利用地）为 0.068 hm^2。

经调查，土地复垦亩均 3 万元，因此，根据前文核算方法算得土地恢复治理费用为 5 101.20 万元。

（2）生态系统生态价值损失估算

①生态系统生态价值损失计算方法

生态系统生态价值的计算思路是：首先计算出各类生态系统单位面积的生态价值量；然后用各类生态系统损失的面积去乘单位面积的生态价值量得出各类生态系统生态价值

① 《赣州稀土矿业有限公司赣州稀土矿山整合项目（一期）环境影响报告书》。

损失量；最后根据我国不同省、市、区的生物量因子修正损失的生态价值。

参考 Costanza 等研究成果，在对我国 200 位生态学者问卷调查的基础上，谢高地等计算了农田生态系统的服务功能价值，用 D 表示，则：

$$D = D_1 + D_2 + D_3 + D_4 + D_5 + D_6 + D_7 + D_8 + D_9$$

式中，D_1 —— 食物生产价值；

D_2 —— 原材料生产价值；

D_3 —— 景观愉悦功能价值；

D_4 —— 气体调节功能价值；

D_5 —— 气候调节功能价值；

D_6 —— 水源涵养功能价值；

D_7 —— 土壤形成与保护功能价值；

D_8 —— 废弃物处理功能价值；

D_9 —— 生物多样性保持功能价值；

需要注意的是，这里的 D_1 和 D_2 是农田生态系统自然过程提供的食物生产价值和原材料生产价值，并没有包括人类种植活动所产生的经济价值，这方面损失将在下一步（耕地破坏造成农作物损失估算）进行计算。谢高地等通过研究，得出了中国农田生态系统单位面积生态服务价值当量因子，见表 7-4。

表 7-4　中国农田生态系统单位面积生态服务价值当量

服务功能类型	当量因子	单位面积价值量/（元/hm^2）	举例
食物生产	1.00	884.9	生产粮食、油料等
原材料	0.10	88.5	生产秸秆、纤维等
景观愉悦	0.01	8.8	绿色和田园风光给人们带来的愉悦心情、生态旅游
气体调节	0.50	442.4	CO_2/O_2 平衡，保护臭氧层的 O_3，SO_x 水平
气候调节	0.89	787.5	缓解小气候（温度、湿度）的改变
水源涵养	0.60	530.9	作为集水区
土壤形成与保持	1.46	1 291.9	有机质积累，氧固定，N、P 等营养物质循环
废物处理	1.64	1 451.2	人类生活排放废弃物的净化、农药降解
生物多样性维持	0.71	628.2	授粉、物质资源保存

资料来源：中国粮食生产的生态服务价值及其补偿研究（谢高地等，2004）。

生态系统生态服务价值当量因子是指生态系统产生生态服务相对贡献大小的潜在能力，定义为 1 hm^2 全国平均产量的农田每年自然粮食产量的经济价值。以此可将权重因子表转换成当年生态系统服务单价表，经过比较，1 个生态服务价值当量因子的经济价值量相当于当年全国平均粮食单产市场价值的 1/7 左右。

由于生态系统的生态服务功能大小与该生态系统的生物量有密切关系，一般来说，生物量越多，生态服务功能越强。因此，假定生态系统服务功能与生物量呈线形关系，提出生态服务价值的生物量因子，按下述公式进一步修正生态服务单价：

$$P_{ij} = (b_j/B)\ P_i$$

式中，P_{ij} —— 订正后的单位面积农田生态系统的生态服务价值，i=1，2，…，9，分别代表食物生产、原材料生产等不同类型的生态系统服务价值，j=1，2，…，n，分别代表不同区域农田生态系统类型；

P_i —— 表 7-4 中农田生态系统服务价值基准当量；

b_j —— j 区农田生态系统的生物量；

B —— 我国农田生态系统单位面积平均生物量。

谢高地等通过计算，得出中国不同省、市、区农田生态系统生物量因子，见表 7-5。

表 7-5　中国不同省、市、区农田生态系统生物量因子

区域	生物量因子	区域	生物量因子	区域	生物量因子
北京	1.04	安徽	1.17	四川	1.35
天津	0.85	福建	1.56	贵州	0.63
河北	1.02	江西	1.51	云南	0.64
山西	0.46	山东	1.38	西藏	0.75
内蒙古	0.44	河南	1.39	陕西	0.51
辽宁	0.9	湖北	1.27	甘肃	0.42
吉林	0.96	湖南	1.95	青海	0.4
黑龙江	0.66	广东	1.4	宁夏	0.61
上海	1.44	广西	0.98	新疆	0.58
江苏	1.74	海南	0.72	全国	1
浙江	1.76	重庆	1.21		

资料来源：中国粮食生产的生态服务价值及其补偿研究（谢高地等，2004）。

谢高地等的另一项研究成果，得出了中国不同陆地生态系统单位面积生态服务价值，见表 7-6。

表 7-6　中国不同陆地生态系统单位面积生态服务价值　　单位：元/hm^2

	森林	草地	农田	湿地	水体	荒漠
气体调节	3 097.0	707.9	442.4	1 592.7	0.0	0.0
气候调节	2 389.1	796.4	787.5	15 130.9	407.0	0.0
水源涵养	2 831.5	707.9	530.9	13 715.2	18 033.2	26.5
土壤形成与保护	3 450.9	1 725.5	1 291.9	1 513.1	8.8	17.7
废物处理	1 159.2	1 159.2	1 451.2	16 086.6	16 086.6	8.8
生物多样性保护	2 884.6	964.5	628.2	2 212.2	2 203.3	300.8
食物生产	88.5	265.5	884.9	265.5	88.5	8.8
原材料	2 300.6	44.2	88.5	61.9	8.8	0.0
娱乐文化	1 132.6	35.4	8.8	4 910.9	3 840.2	8.8
合计	19 334.0	6 406.5	6 114.3	55 489.0	40 676.4	371.4

②生态系统生态价值损失估算

本书假设原始地貌被破坏的土地（建设用地除外）均失去了生态服务价值，那么×县某矿区失去生态服务价值的生态系统有林地生态系统、草地生态系统、农业生态系统、水体生态系统和未利用地生态系统。

将林地生态系统生态价值损失设为 E_1，根据表 7-5 中的森林生态系统单位面积生态服务价值和需要恢复林地的面积来计算 E_1，则林地生态系统生态价值损失为：

$$E_1=87.91\ \text{hm}^2\times 19\ 334.0\ 元/\text{hm}^2=1\ 699\ 651.94（元）$$

江西的生物量因子为 1.51，用生物量因子修正 E_1，修正后的值为 E_1^*，则：

$$E_1^*= E_1\times 1.51=1\ 699\ 651.94\ 元\times 1.51=2\ 566\ 474.43（元）$$

用同样的方法估算出草地生态系统生态价值损失 E_2^*为 17 506.87 元，农业生态系统生态价值损失 E_3^*为 77 276.80 元，水体生态系统生态价值损失 E_4^*为 97 045.76 元，未利用地生态系统生态价值损失 E_5^*为 38.14 元。

因此，×县某矿区生态系统生态价值损失为林地、草地、农业、水体以及未利用地生态系统价值损失之和，约为 275.83 万元。

（3）耕地破坏造成农作物损失估算

①耕地破坏造成农作物损失计算方法

一定面积的耕地内，可能种有多种农作物。耕地破坏造成农作物损失计算方法是：用每一种农作物的价格乘以单位面积的产量、再乘以破坏种植该种农作物的耕地面积，得到破坏种植该种农作物耕地的经济损失，然后将每一种农作物的经济损失相加，得到总的经济损失，用下式表示：

$$V_3 = \sum_{i=1}^{k} P_i \times Q_i \times S_i$$

式中，V_3—— 耕地破坏造成农作物损失；

P_i—— 第 i 种农作物价格；

Q_i—— 第 i 种农作物单位面积产量；

S_i—— 第 i 种农作物种植面积；

k—— 农作物的种类数。

②耕地破坏造成农作物损失估算

×县某矿区农业以水稻为主，经济作物以花生、瓜果、大豆、脐橙、茶树等为主。根据以往的统计，已知每公顷耕地上主要农作物的产量，用这些农作物的产量乘以价格然后相加，就能得出破坏每公顷耕地的经济损失，再乘以破坏耕地的面积就得出总的经济损失。前面已经算出 2011 年×县某矿区与原地貌相比破坏的农业用地面积为 8.37 hm^2，按照上述方法进行计算，得到×县某矿区耕地破坏造成农作物损失为 131.59 万元，具体见表 7-7。

表 7-7　2011 年×县某矿区耕地破坏造成农作物损失

农作物名称	单位面积产量/（kg/hm^2）	收购价格/（元/kg）	单位面积经济损失/（元/hm^2）	总经济损失/元
水稻	5 418.0	2.57	13 924.26	116 546.06
蔬菜	22 580.8	3.65	112 904.00	945 006.48
脐橙	11 510.8	2.64	30 388.51	254 351.85
合计			157 216.77	1 315 904.39

（4）环境污染造成农作物损失估算

环境污染造成农作物减产，主要是指大气污染和灌溉水污染造成农作物减产，固体废物主要是破坏耕地，对农作物减产影响较小，可以忽略。根据有关研究成果，全国大气污染对农作物产量减产率一般为 5%～10%（急性污染事故造成农作物严重减产或死亡除外）。计算环境污染造成农作物减产损失采用生产力变化法：用单位面积粮食的产量乘以粮食价格，再乘以减产率，再乘以环境污染影响的耕地面积，得到环境污染造成农作物减产损失。

稀土开采产生的大气污染主要为扬尘，对农作物影响不大，在此主要考虑水污染对农作物的影响，并将污染减产率取为 10%。另外，结合矿山各场地所在地的河谷、河网和分水岭情况以及矿山废水下泄路径等，综合确定农业用地的影响面积[①]为 4.79 hm^2，加上复垦后农业用地面积 8.37 hm^2，因此根据前文核算方法算得环境污染造成农作物损失为 20.69 万元。

（5）稀土开采外部环境成本

赣州稀土开采外部环境成本计算如下：

$$C_T = C_t + E^* + S_n + S_e$$

式中，C_T —— 外部环境成本；

C_t —— 土地恢复治理费用；

E^* —— 生态系统生态价值损失；

S_n 和 S_e —— 分别是耕地破坏造成农作物损失和环境污染造成农作物损失。

根据上面公式，则赣州稀土开采外部环境成本为 5 529.31 万元（人体健康损失除外）。

2011 年×县某矿区实际生产 2 600 t REO，因此，生产 1 t REO 的环境外部成本约为 2.13 万元（人体健康损失除外）。

7.4.1.2　稀土开采外部环境成本

根据遥感解译获得 2001 年、2005 年、2009 年和 2013 年江西省稀土开采直接破坏面积和土地间接受损面积。其中 2001 年、2005 年、2009 年和 2013 年的直接破坏面积分别为 14.87 km^2、22.50 km^2、33.28 km^2 和 35.31 km^2，2001 年、2005 年、2009 年和 2013 年的土地间接受损面积分别为 17.92 km^2、19.76 km^2、35.18 km^2 和 63.33 km^2。那么 2001 年、2005 年、2009 年和 2013 年江西省稀土开采造成的生态破坏总面积分别为 32.79 km^2、42.26 km^2、68.46 km^2、98.97 km^2。由于赣州市是江西省主要的稀土采矿区，本书将根据江西省的稀土开采生态破坏数据估算赣州市稀土开采外部环境成本。

根据 7.4.1.1 的核算数据，1.13 km^2 生态破坏面积的外部环境成本为 5 529.31 万元，那么稀土开采中生态系统每破坏 1 km^2 的面积，将造成 4 893.19 万元的环境成本。因此，2001 年、2005 年、2009 年和 2013 年赣州市稀土开采外部环境成本分别为 16.04 亿元、20.68 亿元、33.50 亿元、48.43 亿元。

从结果可以看出，自 2005 年之后，赣州稀土开采的环境成本成倍增长。本书将以 2005

① 赣州稀土矿业有限公司赣州稀土矿山整合项目（一期）环境影响报告书。

年前后为分界点，估算近 10 年赣州稀土开采造成的环境成本。每年稀土开采造成的环境成本为 2001 年和 2005 年的均值 18.36 亿元，2005 年之后，每年稀土开采造成的环境成本为 2001 年和 2005 年的均值 40.97 亿元，那么 2001—2005 年、2005—2010 年赣州稀土开采造成的环境成本分别为 91.80 亿元和 204.85 亿元。因此，近 10 年赣州稀土开采造成的环境成本约为 296.65 亿元。

国家 42 个部委组成的联合调研组认为，赣州的污染问题比较严重，该调研组在赣州经过 6 天的调研后，形成的环境报告指出，自 20 世纪 70 年代，赣州稀土开采 40 多年来，稀土开采造成的污染，包括废弃稀土矿山、遗留尾矿、破坏山林以及废渣的综合治理大概需要 380 多亿元。本书估算得出的赣州稀土开采环境成本 296.65 亿元是近 10 年造成的，并且，2007 年之后开采工艺的转型也使得生态破坏相对减少，环境成本相对降低。因此，本书认为已有调研结论，即 380 亿元的赣州稀土开采综合治理费用并非夸大。

7.4.2　稀土冶炼分离外部环境成本核算

本书分别通过××公司 2007 年的清洁审核报告数据以及根据稀土企业环保核查数据核算整理部分（有些企业没有数据）稀土冶炼分离企业每年的主要污染物排放量数据来核算稀土冶炼分离阶段生产 1 t REO 的外部环境成本，并作对比分析。基于数据限制，下面将选择虚拟治理成本法对稀土冶炼分离环境外部成本进行核算，反映稀土行业中的虚拟治理成本。其中由于缺乏当年污染治理运行费用，无法计算污染物单位治理成本，因此参考已有研究获取污染物的单位虚拟治理成本。

7.4.2.1　××公司 2007 年环境成本

（1）实物量核算

取离子型稀土冶炼分离行业工业废水中氨氮、COD、石油类作为核算对象。根据×稀土公司 2009 年清洁审核报告，可得 2007 年该公司稀土冶炼分离的水污染实物量结果（表 7-8）。其中工业废水排放量为 44 万 t，工业废水中氨氮排放量为 6.73 t，化学需氧量为 69.10 t，石油类为 0.008 8 t。

表 7-8　水污染实物量核算结果

工业废水排放量/万 t	工业废水中污染物排放量/t		
	氨氮	化学需氧量	石油类
44	6.73	69.10	0.008 8

取离子型稀土冶炼分离业废气中主要污染物盐酸、烟尘和 SO_2 为核算对象。根据×稀土公司 2009 年清洁审核报告，可以得到 2007 年该公司稀土冶炼分离的大气污染实物量结果（表 7-9）。其中工业废气排放量为 38 328.9 万 m^3，工业废气中盐酸排放量为 0.13 t，烟尘排放量为 6 t，二氧化硫排放量为 10.728 t。

表 7-9　大气污染实物量核算结果

工业废气排放量/万 m^3	工业废气中污染物排放量/t		
	盐酸	烟尘	二氧化硫
38 328.9	0.13	6	10.728

2007 年该稀土公司产生的一般工业固体废物为 1 360 t，具有放射性的酸溶废渣危险废物的贮存量为 150 t。

（2）价值量核算

水污染虚拟治理成本可用来计算稀土冶炼分离行业废水排放带来的环境污染。水污染虚拟治理成本是指对排放至水体中的污染物进行完全消除所需要的成本。水污染虚拟治理成本的核算方法可采用彭武珍修正的治理成本系数法，首先根据废水排放量、污染物排放量、污染物去除量计算出污染物的出口浓度和进口浓度，计算出各种污染物的处理效益，根据处理效益的比重计算治理成本系数。治理成本系数乘以总的治理成本再除以污染物去除量，得出各种污染物的单位治理成本。但由于运行费用数据限制，本书参考已有文献研究得出的污染物处理成本（表 7-10）来核算污染价值量。计算公式为：

$$V_{水} = \sum_{i=1}^{n}(V_{水i} \times C_{水i} \times P_{水i}) \times 10^{-3}$$

式中，$V_{水}$ —— 水污染价值量；

i —— 各类水污染物；

$V_{水i}$ —— 水污染物排放量；

$C_{水i}$ —— 水污染物虚拟治理成本；

$P_{水i}$ —— 水污染物虚拟去除率。

核算后得到水污染价值量结果见表 7-11，其中氨氮污染价值量为 0.02 万元，化学需氧量污染价值量为 70.48 万元，总的水污染价值量为 70.5 万元。

表 7-10　水污染物的虚拟单位治理成本

污染物	氨氮	化学需氧量	石油类
单位治理成本/（元/kg）	0.029	10.2	0.006

表 7-11　水污染价值量核算结果

各类污染物虚拟治理成本/万元			虚拟成本合计/万元
氨氮	化学需氧量	石油类	
0.02	70.48	可忽略	70.5

大气污染价值量计算公式如下：

$$V_{气}=\sum_{i=1}^{n}(V_{气i}\times C_{气i}\times P_{气i})$$

式中，$V_{气}$—— 大气污染价值量；

i—— 各类大气污染物；

$V_{气i}$—— 粉尘排放量；

$C_{气i}$—— 粉尘单位治理成本；

$P_{气i}$—— 粉尘虚拟去除率。

非金属制品行业的粉尘单位治理成本为 65 元/t，除非金属制品行业以外其他行业的粉尘单位治理成本为 230 元/t。计算得大气污染价值量为 0.39 万元。

借鉴《中国环境经济核算技术指南 2004》，通过对企业进行一般工业固体废物和危险废物的处置、综合利用、贮存等工艺的调查得到的固体废物治理成本（表 7-12）。固体废物的虚拟治理成本计算公式为：

$$C_{固}=C'_{固}\times\left(V_{固1}+V_{固2}\right)$$

式中，$C_{固}$—— 固体废物的治理成本；

$C'_{固}$ —— 固体废物单位处置成本；

$V_{固1}$、$V_{固2}$—— 分别为固体废物贮存量和排放量。

表 7-12　工业固体废物的单位治理成本　　　单位：元/t

类别	处置单位治理成本		贮存单位治理成本	
	一般工业固体废物	危险废物	一般工业固体废物	危险废物
单位治理成本	22	1 500	4.5	15

资料来源：中国环境经济核算技术指南 2004。

核算得一般工业固体废物的处置成本为 2.99 万元，危险废物的贮存量为 0.23 万元，即固体废物污染价值量为 3.22 万元。

（3）2007 年×稀土公司的环境外部成本

综上所述，2007 年×稀土公司的环境外部成本为 73.759 元。2007 年该公司的稀土产量为 3 075 t，因此，冶炼分离得 1 t REO 的外部环境成本为 0.024 万元。

稀土冶炼、萃取分离生产过程中，使用大量的酸碱、萃取剂等化工原材料，产生大量的废气、废水、废渣。然而大部分稀土生产企业，环保治理设施不完善，有的小稀土冶炼厂没有环保治理设施，排放的“三废”对大气、水体、土地造成了污染。从上面的计算结果看出水污染价值量最大，其他可以忽略不计。因此，按照水污染物未经处理直接排放（价值量为 246.75 万元）核算稀土冶炼分离的外部环境成本为 320.51 万元，冶炼分离得 1 t REO 的外部环境成本为 0.104 万元。

但由于虚拟治理成本没有反映环境排放造成的危害，忽视污染排放造成的污染损失，可以说其值远远小于真实的环境外部成本。因此，采用虚拟成本法得到的是环境外部成本的最低值，表明当前技术水平下的防治污染成本。

7.4.2.2　基于各冶炼分离公司的环境成本核算

根据稀土企业环保核查数据核算整理部分（有些企业没有数据）稀土冶炼分离企业每年的主要污染物排放量，结果见表 7-13。

表 7-13　冶炼分离企业每年主要污染物排放量　　单位：t/a

企业序号	废水污染物排放量			废气污染物排放量			固废排放量		
	COD	氨氮	石油类	SO_2	烟尘	氯化物	一般固废（贮存）	一般固废（处置）	放射性废渣（贮存）
1	12.74	2.51	0.02	15.6	3.39	0.00	—	156.00	—
3	8.26	0.61	0.02	19.07	—	2.99	57.00	—	—
4	2.34	0.31	0.02	—	1.76	0.001 6	—	319.00	—
6	25.50	5.8	0.05	25.05	18.54	8.17	—	525.00	51.74
7	8.57	2.78	0.07	91.40	—	0.026	5.00	30.00	—
8	6.096	2.38	0.05	13.26	6.21	0.37	—	787.00	—
9	5.25	1.09	0.03	50.40	16.42	4.10	—	—	—
13	10.00	0.60	0.04	31.50	3.78	0.57	2.60	1 960.00	9.80
14	31.54	5.85	0.54	59.00	9.00	0.32	—	—	100.00
15	7.70	2.13	0.03	36.41	9.67	0.013	38.40	18.00	—
16	1.19	0.36	0.01	18.13	8.18	0.01	—	—	—

根据 7.4.2.1 节中的污染物单位治理成本，利用虚拟治理成本法（环境成本的下限），核算表 7-13 稀土冶炼分离企业每年的环境外部成本，结果见表 7-14。

表 7-14　稀土冶炼分离企业的环境外部成本　　单位：万元/a

企业序号	企业名称	冶炼分离阶段环境外部成本
1	江西明达功能材料有限责任公司	13.78
3	龙南县和利稀土冶炼有限公司	8.96
4	龙南县锴升有色金属有限公司	3.13
6	定南大华新材料资源有限公司	28.45
7	定南县南方稀土有限责任公司	10.92
8	全南包钢晶环稀土有限公司	8.41
9	全南县新资源稀土有限责任公司	6.99
13	信丰县包钢新利稀土有限责任公司	15.35
14	赣县红金稀土有限公司	33.91
15	寻乌南方稀土有限责任公司	8.98
16	寻乌县新舟稀土冶炼（厂）有限公司	1.82

再根据表 7-15 中 2007—2010 年的 REO 产量值，核算冶炼分离得 1 t REO 的外部环境成本。以×稀土公司为例，7.4.2.1 节根据 2007 年清洁审核报告数据算得生产 1 t REO 环境外部成本为 240 元/t。本节根据环保核查数据核算，得 2007 年之后环境外部成本为 33.91 万元/a，2007—2010 年产量均值 3 087.75 t，算得冶炼分离得 1 t REO 的外部环境成本为 109.82 元。从数据可看出，公司经过清洁生产措施，污染物排放量整体来看有所降低，冶炼分离得 1 t REO 的外部环境成本也随之下降。

表 7-15　冶炼分离企业 2007—2010 年每年 REO 产量　　单位：t

企业序号	2007 年	2008 年	2009 年	2010 年
1	—	3 202	3 011	3 126
3	1 541	1 240	1 050	2 000
4	—	1 500	1 500	3 000
6	2 400	3 676	3 737	3 988
7	2 645	2 625	3 283	3 155
8	3 200	2 500	2 000	2 000
9	—	—	—	2 800
13	1 466	2 137	2 686	3 150
14	2 962	2 667	3 346	3 376
15	2 943	2 727	1 766	2 360
16	1 579	1 456	725	858

7.4.2.3　赣州市稀土冶炼分离外部环境成本

根据前文基于各冶炼分离公司环保核查数据核算出的赣州稀土冶炼分离 1 t REO 产生的环境成本（0.011 万元），并结合推算出的江西省 2001—2013 年稀土冶炼产品产量，估算出赣州市 2001—2013 年稀土冶炼分离的外部环境成本达 2 396.52 万元，具体见表 7-16。

表 7-16　江西省历年稀土冶炼产品产量及赣州市稀土冶炼分离外部环境成本估算

年份	REO 产量/t	年环境成本/万元
2001	14 873	163.60
2002	14 107	155.18
2003	16 211	178.32
2004	21 997	241.97
2005	32 013	352.14
2006	44 445	488. 90
2007	39 380	433.18
2008	32 444	356.88
2009	21 993	241.92
2010	10 617	116.79
2011	5 860	64.46
2012	4 688	51.57
2013	3 683	40.51

由表 7-16 看出，2001—2006 年赣州市稀土冶炼分离环境成本呈现增加趋势，从 2001 年的 163.60 万元增加到 2006 年的 488.90 万元。2006 年之后，环境成本明显降低，2013 年环境成本减少为 40.51 万元。这是因为近几年来国务院、国家发改委稀土办公室和各级政府为保护性优势资源合理开采，实施了控制总量措施，尤其对赣州市稀土开采、冶炼分离企业进行了大力整顿，这些措施使稀土行业的环境污染得到有效改善。

7.5　稀土资源开发污染修复与生态恢复对策

7.5.1　稀土资源开发生态环境恢复治理资金需求

稀土矿山生态环境恢复既需要时间也需要大量的资金投入。赣州市稀土开采至今已有 40 余年的历史。20 世纪 80 年代，受当时“大矿大开、小矿小开、有水快流”指导方针的影响，一度出现了一哄而上、全民开矿的情况，稀土开采点曾达千余个。加之早期稀土开采工艺落后，多采取池浸、堆浸工艺，开采后的矿山基本被夷为平地，表层腐殖土层灭失，地表植被荡然无存。同时，稀土开采产生的大量废水对水源、土壤造成很大影响。已有调查得出赣州市稀土开采综合治理所需资金高达 380 亿元。本书在对赣州稀土开发的生态环境问题（主要体现在稀土开采阶段）的分析基础上，对赣州稀土开采和冶炼分离阶段的环境成本进行了核算。结果表明仅赣州稀土开采环节，近 10 年造成的环境成本约为 296.65 亿元，且除人体健康损失之外，开采阶段生产 1 t REO 的环境成本约为 2.13 万元，冶炼分离 1 t REO 产生的环境成本为 0.011 万元。这意味着旧账未还、新账又生，稀土开采和冶炼分离对生态的破坏和环境的污染都很大，只要开工生产，就一定有污染产生，尽管现在已全面推行原地浸矿开采工艺，但新工艺对生态环境的破坏和污染依旧未知。

另外，由于历史原因赣南稀土矿治污主体基本丧失，政府成为巨额“环境债务”的买单人。2007 年以前，赣州地区普遍采用池浸、堆浸等传统开采工艺对矿区生态环境造成了巨大破坏。这些早期开采形成的大部分属于废弃稀土矿山，包括有证的、无证的以及乱采滥挖的，这些矿权早已灭失，责任主体缺失或不明。由于稀土资源产权和开采权的分离，地方政府只承担监管职责，在经济利益和环保治理选择时，地方政府往往会忽视环境治理；按照“谁污染，谁治理；谁破坏，谁恢复”的原则，原本这些矿山的治理恢复资金理应由稀土企业来承担，可由于稀土企业长期没有把环境污染这一隐性成本外部化，这也导致企业在环境治理方面的被动性和治理成效的不确定性。因此，治理责任落在了政府身上。

然而，中央政府的环境治理偏重全局和宏观层面，每年持续增长的矿山地质环境治理财政投入具体落实到稀土方面的资金是有限的；还由于江西地处中部革命老区，总体经济发展水平相对较弱，能用于稀土生态治理的费用也很不足。从 2005 年以来赣南稀土获得各级财政拨款 7 年间仅 1.928 亿元，赣州市从 2005 年开始收取的矿山环境治理恢复保证金与近 300 亿元的环境成本相比，也只是九牛一毛。因此，如果还是遵循过去政府单一模式的环境治理融资模式，要想解决稀土资源开发中环境治理筹资困局是非常困难的。

因此，想要治理稀土开发造成的生态破坏和环境污染，一方面要解决治污主体之困，另一方面要解决资金之困。

7.5.2　稀土生态环境恢复治理的主体和资金分摊

赣州稀土开发的生态环境问题之严重、成本之高，迫切需要明确和拓宽赣州稀土生态恢复的资金来源渠道，建立一个多渠道、宽领域、广覆盖、多元化的稀土生态恢复投资机制。然而稀土资源开发生态恢复和污染修复是一项系统工程，需要各利益主体的通力合作。甄别从稀土资源开发到最终消费端所涉及的一切利益相关者，明确稀土资源开发过程中的生态环境损害与各利益主体的关系及各自所承担的责任，才能建立合理的恢复资金分摊机制，且保障分摊机制的有效运行。

（1）赣州稀土开发利用相关者分析

稀土资源开发涉及稀土企业、当地居民、地方政府以及中央政府（生态环境的代表者）和间接消费者等多方关系，尤其是政府，与其他利益相关方的关系紧密且微妙。各利益相关方之间存在着利益、责任、管理等的博弈，关系十分复杂。稀土企业追求的是经济效益，在稀土资源开发生态恢复过程中追求利润最大化目标；地方政府是当地相关群体的利益代表，在稀土资源开发生态恢复过程中，既要考虑生态环境保护目标，又要追求经济社会目标；中央政府在稀土资源开发生态恢复中通过控制、引导及规范、协调其他利益相关者的行为，确保稀土资源开发生态恢复的实现。在稀土资源开发过程中，稀土矿开采企业是开采稀土资源直接的也是主要的受益者，运输企业和稀土资源加工企业是间接受益者。另外，稀土作为“现代工业的维生素”已经渗透到国民经济的各个领域，所以直接和间接使用稀土的个人或单位（即终端消费者）都是受益者。稀土矿开采企业在通过稀土资源开采服务人类的同时也为自己创造了高额利润，期间地方政府收取各项税费，因此，地方政府也是利益的享有者。稀土资源开发造成了生态环境损坏，即损害了国家利益。另外，由于生态环境的破坏间接对当地居民造成了负面影响，因此，当地居民也是利益受损者。通过对稀土资源开发利益相关者的分析可知，政府既是利益的享有者又是受损生态环境的代表。另外，政府具有制定政策并强制执行的权力。因此，政府在稀土资源开发的生态恢复资金分摊机制中起着决定性作用。

（2）基于利益相关者分析的治理主体和资金分摊机制

目前，赣州稀土资源开发的生态环境恢复费用依赖于相关生态保护性收费，如水保部门征收的水土保持费和水土流失防治费，林业部门征收的森林植被恢复费以及环保部门征收的排污费。大部分费用都是政府来承担，生态环境损失成本内部化的实现层次没有体现出来。生态环境效益的受益者处于不同区域层次，生态环境成本内部化的支付者也因此处于不同层次：当地、省内、国内甚至是全球，具体取决于资源及生态环境效益影响涉及的范围。因此，本书基于利益相关者分析，从赣州稀土资源开发的受益者层次角度，提出赣州稀土资源开发生态恢复的资金分摊机制。

第一，对于赣州市历史中形成的废弃矿山生态环境的恢复治理可以采取：向国家或上级负责土地复垦开发的部门申请专项复垦经费，争取财政支持；或者申请国家环保与治理方面的专项经费；可以采取市场化的融资模式，将矿山生态环境保护和恢复与矿山开山、矿山租赁等相结合的方式，兑现谁恢复、谁受益的原则扩大融资来源渠道。对于一些矿山开采时间较久，或者是那些即将停产的矿山，企业无法独自承担恢复费用的，政府应加大补贴力度，此外也要企业合理负担部分费用。

作为“旧账”的废弃稀土矿山生态补偿的主体虽是政府，但赣州财政目前仍是“吃饭”财政，面对巨大的资金缺口，仅仅依靠地方政府投入难以从根本上解决问题。因此，生态环境恢复的治理基金应通过国家融资机制获得。在“旧账”中，政府承担的是组织治理责任，政府通过设计合理的治理方案，利用行政手段命令地方政府实施，并对地方政府进行监督。而废弃稀土矿山恢复治理基金可以通过向正在生产的稀土矿业企业征收废弃矿山生态环境补偿费（义务性赞助）来获取，也可以接受任何个人、公司、非政府环境保护组织等提供的资金和治理技术支持。另外，由于稀土资源主要集中在少数省市，具有空间分布不均性，而其他省市也从稀土资源中获得利益。因此，地方政府之间的横向财政转移支付也可作为废弃稀土矿山生态环境恢复治理的资金来源。

第二，对于新稀土矿和企业产生的生态破坏和环境污染，赣州市应全面推行稀土矿山生态环境治理恢复保证金制度，提高保证金标准，落实开采开发企业的环境治理和生态恢复责任。为督促稀土矿业企业在稀土开发中和开发后及时进行矿区复垦，也应该对其征收一定的生态环境治理恢复保证金。但是，因为生态系统功能的破坏具有滞后性，即使稀土矿业企业在稀土资源开发后及时地进行了矿区复垦，还是有可能造成某些生态系统功能的损失，并且这些功能损失不像环境污染一样能及时显现出来。因此，在稀土矿业企业按规定完成矿区复垦后，也不能立即把生态环境治理恢复保证金退还给企业，应当在充分论证矿区生态系统服务功能正常且稳定后再归还。

第三，对于稀土矿区生态系统的生物多样性维持和固碳释氧等功能，其受益者涉及当地、省内、国内、全球四个区域层次，每个层次的受益者都有义务对其破坏进行恢复，这种治理恢复费用除了通过向稀土矿业企业征收的生态补偿费来实现以外，还可以通过基金形式获取。因此，可建立生态补偿基金对稀土资源开发中的生态破坏进行恢复，对生物多样性维持功能损失和固碳释氧功能损失进行补偿，其实质是通过非政府机构或个人的捐款来维持稀土矿区生态系统的生物多样性维持和固碳释氧的生态服务功能。另外，赣南拥有重稀土储量居世界同类矿种第一的资源优势，与世界稀土消费国进行资源的深度开发、矿山废弃物资源化处理和环境治理等方面的合作完全有谈判的筹码，这种合作的模式符合中外双方的利益要求，既可以帮助我国稀土资源实现高端应用的发展，拓宽稀土环境治理资金和技术，也可以实现稀土消费国通过合作模式换取自己所需的目的。另外，生态补偿基金是由政府、非政府组织和机构、个人为支持生态环境保护行为支付的资金，它受国家财政体系影响较小，是一个有效的地方财政管理体系，操作相对容易。

7.5.3　建立离子型稀土开发环境成本核算机制

我国离子型稀土开发，尤其是开采阶段造成了诸多生态环境问题，除末端治理环节不到位，最重要的是我国稀土资源环境受到破坏而得不到补偿。问题根源在于稀土产品的价格中没有完全包含环境成本。稀土环境成本负外部性导致稀土价格扭曲，使稀土资源与生态环境不能在市场机制下得到有效配置，最终导致稀土资源的过度生产和消费，促使生态环境日益恶化。有研究表明我国离子型资源开发利用存在较大的资源环境成本且仍未完全计入稀土价格。虽然自 2009 年实施严格的稀土出口配额以来，在短期内使我国稀土出口价格呈现上升趋势。尤其是 2011 年，稀土价格迅速上升，企业利润暴涨。然而这种主要得益于出口配额管制的价格上涨是建立在不完全资源和环境成本上的，因此导致稀土价格猛涨时企业利润过大，但这种价格和利润的上涨是不可持续的，且会引发行业发展极不稳定等问题。

从经济学角度，环境成本内部化使私人成本和收益与社会成本和收益相一致，使私人生产达到社会最优水平，减少环境污染。虽然环境成本的计量确定都非常困难，但环境成本内部化是解决生态破坏和环境污染最根本有效的途径。有研究发现稀土的国际价格不能很好地补偿我国稀土产品在生产过程中的环境外部成本，稀土产品的价格不能够体现其内在价值，其实际价值远被低估。这是由于我国稀土价格长期以来没有把资源和环境成本计算在内，稀土产品出口价格低廉。通过环境成本内部化，合理提高稀土企业的开发成本，使其开发利润率回归合理，从而改变国内长期以来稀土供大于求的局面，也同时限制了国内无节制生产和消费。另外，对我国储量居世界之首的南方离子型稀土来说，由于其独特性，国外对其需求具有刚性，那么环境成本内部化使供给降低，而需求基本不变，这样一来我国自然拿到了其定价权。在 WTO 自然资源贸易下，环境成本内部化已经成为基于资源环境保护目标的国际贸易领域的大趋势。我国应该在稀土产业和贸易结构优化的进程中充分考虑环境因素，制定并实施符合我国国情的环境成本内部化措施，从根本上解决稀土贸易出口引起的环境污染问题，实现稀土资源开发利用的可持续性。

因此，我国亟须建立离子型稀土开发环境成本核算机制，使稀土开发的生态环境成本内部化。并且按照市场化的原则加快推进离子型稀土定价机制改革。将离子型稀土开采导致的生态破坏损失和稀土冶炼分离导致的环境污染治理进行成本内部化，对离子型稀土资源价格进行重新核算，实现资源有效利用和环境保护的可持续发展。

7.5.4 其他对策

（1）政府以及科研机构要加强对矿山生态恢复技术的研发力，建立恢复生态学方面人才培养的中长期计划。并且，立足自身稀土资源优势，赣州可以考虑设立稀土专项创新基金，借助稀土国家研发平台，争取国内外对口人才的输入，以更快的速度进入稀土技术高端应用领域和环境治理领域，并应用到稀土环境治理实践，形成环境治理项目回报效应，使环保变成一种价值激励。企业把对资源的利用能力和环境治理能力当成企业的核心竞争力，从更高起点实现稀土的可持续发展。

（2）加强生态环境监测及监督监管。赣州市大部分矿区未设立专门的监督性监测点位，开采矿区的水质及空气质量监测等基础监测能力薄弱。部分冶炼分离企业，放射性固体废物缺乏处置管理，存在一定的安全隐患。整体来说赣州稀土开发侧重于安全监督监管，环境监测阶段力量薄弱。

（3）根据赣州市地质结构复杂、矿产种类繁多等自然地质环境的实际，有针对性地制定矿山生态修复的技术方案。如对塌陷区尾矿污染区以及金属矿和非金属矿的特征差异，采取生物修复和工程修复等相结合的办法，因地制宜地做好矿山生态环境的恢复工作。

（4）有针对性地选择部分矿山生态环境破坏较为严重的区域先行先试，然后将成功经验再向全市范围内推广，做到从点到面地推行效果。

第8章 结论与展望

8.1 主要结论

本书采用实地调查、重点访谈、数据挖掘、遥感影像技术等方法，评估了我国稀土资源开发的生态环境影响状况，总结了国内外资源与环境成本核算方法体系最新进展，提出了体现我国“北轻南重”稀土资源特征的生态环境成本核算技术方法体系，并分别以包头地区（主要为白云鄂博）、赣州地区作为轻稀土、中重稀土资源开发利用生态环境影响的典型案例，核算了包头和赣州两地稀土资源开发的环境污染成本和生态退化成本，为我国稀土资源可持续开发利用提供科学依据。本书主要有以下7个方面的结论：

（1）基于稀土资源采、选和冶炼不同生产环节，建立了我国稀土资源开发生态环境成本核算总体框架，明确了核算目标、核算内容、核算方法和核算步骤。结合国内外资源环境经济核算经验和我国稀土资源的资源特性、开发水平、生产工艺等不同特征，以及可能造成的生态破坏和环境污染类型，确定了我国稀土资源开发生态环境成本核算目标，提出了生态环境成本核算的关键技术指标，明确了主要核算内容，即包括环境污染实物量核算、生态破坏实物量核算、环境污染价值量核算、生态破坏价值量核算以及生态环境保护支出实物量和价值量核算，最后确立了稀土开发生态环境成本核算体系技术路线。鉴于我国南方离子型和北方轻稀土资源禀赋特征存在差异，在确立总体核算框架基础上，结合环境价值评估方法和数据可得性，详细阐明了我国稀土开发生态环境成本核算步骤。

（2）基于行业资源与环境经济核算方法，建立了我国稀土资源开发的生态破坏成本核算方法和稀土资源开发的环境污染损失核算方法。针对稀土资源采、选和冶炼环节产生的废水、废气、废渣、放射性、尾矿等环境污染类型，采用治理成本法和污染损失法两种核算方法体系分别核算北方轻稀土资源开发环境污染核算框架、南方离子型稀土资源开发环境污染损失的上下限。其中，采用直接市场法和实际调研法相结合对稀土资源开发产生的废水、废渣和废气治理的单位成本进行计算，采用修正人力资本法和疾病成本法对人体健康损失进行核算，采用市场价值法对农业损失进行核算、采用收益还原法对农田占用损失进行核算，采用防护费用法对水土流失损失进行核算。针对稀土资源开采生态破坏情况，提出基于单位生态系统破坏面积、基于生态系统地面实地观测或生态统计、基于遥感定量计算等多种生态系统损失价值量核算方法。

（3）包头稀土矿伴随铁矿开采，其对环境的影响较小，主要环境污染物是固废。包头尾矿库在堆存选铁尾矿、保护稀土的同时，引发了很多环境问题。就尾矿库周边地下水进行实地取样测验。尾矿坝向南，按照尾矿坝与黄河的距离，采集地下水；尾矿坝向西，以打拉亥村为重点，采集地下水。26 组样品分析结果显示，总硬度、溶解性固体、氯离子、硫酸根离子和氟离子超标现象严重，且尾矿库西边的打拉亥村周边尤为突出，并且靠近黄河的地方，情况不容乐观。这是自然环境和人为环境共同影响的结果，如工业废水和生活污水的渗入、工业废渣的吹扬淋滤和地下水资源的不合理开采等。

（4）对包头稀土开发利用进行了污染物实物量核算和环境污染价值量核算，得出了包头稀土开发生态环境恢复治理资金需求。包头稀土冶炼部分产生的污染物主要是废气和废水。2000—2007 年，稀土冶炼行业工业废气虚拟治理成本不断增加，2007 年达到最高值，为 2 784 万元。2007 年之后，随着稀土冶炼产品产量的下降和环保措施的加强，废气虚拟治理成本不断下降，到 2013 年下降到 1 773 万元，相比 2007 年下降了 36%。2000—2007 年，稀土冶炼工业废水虚拟治理成本不断增加，2007 年达到峰值 189.1 万元，2007 年之后，随着工业废水排放量的不断减少，虚拟治理成本到 2013 年下降到了 1 204 万元。工业废气和废水产生量变化趋势与我国稀土冶炼产品产量的变化密切相关。

（5）比较了“以铁为主、综合利用”和“铁和稀土并重”两种模式下平均虚拟治理成本。在“以铁为主、综合利用”模式下，稀土作为铁矿的共生矿产，是在铁矿尾矿中选矿。因此认为其在开采和选矿过程中不产生固废。在核算其成本时，只核算冶炼过程中产生的废气和废水的虚拟治理成本，2013 年的虚拟成本是 75 元。“铁和稀土并重”模式的指导思想是主、东矿采取以开采稀土为主，承担开采和选矿过程中的固体废物，其环境成本大大增加，2013 年的虚拟治理成本是 7 993 元。两种模式下计算的环境成本，可以作为包头稀土环境成本的上限和下限。

（6）分析了中重稀土不同开采工艺对生态环境的影响。始于 20 世纪 70 年代，运用在稀土矿山的池浸方式，其主要缺点是需要剥除表层植被，水土流失严重，回收率低；其后的堆浸方式之所以被使用于稀土开采中，优势在于其资源利用率相对较高，同样也是一种“搬山运动”，严重破坏着地表植被；而原地浸析技术“原地打井、边开采、边渗透、边交换”，具有显著的环境保护优势，基本不需要破坏植被，不需要移动矿物。

（7）通过对赣州稀土开采外部环境成本的核算得知，2001—2005 年、2005—2010 年赣州稀土开采造成的环境成本分别为 91.80 亿元和 204.85 亿元。自 2005 年之后，赣州稀土开采的环境成本成倍增长。近 10 年赣州稀土开采造成的环境成本约为 296.65 亿元。另外，稀土冶炼分离阶段的环境污染也不可忽视。结合推算出的江西省 2001—2013 年稀土冶炼产品产量，估算出赣州市 2001—2013 年稀土冶炼分离的外部环境成本 2 396.52 万元。但由于核算方法采用虚拟治理成本法，环境成本结果表现出的是其最低值。

8.2　展望与建议

本书研究成果填补了我国稀土资源开发生态环境成本核算与评估的空白领域，形成了较为系统成套的核算方法，具有广阔的应用前景。一是本书提出的稀土资源开发生态环境成本核算方法，可以为开展其他矿产资源开发的生态环境损失核算提供基本的方法体系。二是赣州市稀土开发环境成本的核算，对建立离子型稀土开发环境成本核算机制，以使环境成本内部化，从源头管控稀土开发的生态破坏和环境污染具有实际指导作用。赣州市稀土开采矿区和冶炼分离企业的生态环境监测相关调查，为指导赣州市稀土开发监督监管机制的完善有重要作用。三是包头轻稀土开发环境成本的核算，可以定量揭示包头稀土资源开发过程中环境成本与稀土的内在联系，项目对尾矿库周边地下水进行实地取样测验分析结果，对包头尾矿库周边生态恢复与治理工作具有实际指导作用。四是本书核算出的稀土资源开发生态环境成本数据，可以作为不同区域和企业的稀土资源开发的环境投入提供依据，为我国稀土资源开发管理提供科学依据和技术支撑。

对今后本领域工作提出如下建议：

（1）根据稀土应用产品推算的稀土原材用量远大于合法的稀土产量，因此黑色产业链中的稀土产量较大。但是本书主要调研了合法稀土矿山的稀土资源开发情况，对于存在私挖、盗采稀土很难进行调查，而这一部分稀土开采严重破坏生态和环境。因此下一步工作应该重点研究黑色产业链中稀土开采对生态和环境的破坏。

（2）稀土资源开发环境成本核算是生态补偿标准的制定以及稀土资源定价机制的前提和基础，今后该领域需要以生态补偿标准和稀土资源定价为目的，环境成本核算为手段进行研究，使研究结果更具有可参考和利用的价值。

（3）稀土冶炼行业的废水和废气排放环境管理措施、技术等基本能满足环保要求，但是放射性废渣处置问题严峻，是稀土冶炼行业中最亟待解决的。建议建立稀土放射性废渣集中处置库，创新稀土放射性废渣处置的市场化机制，尽快开展稀土放射性废渣集中处置库建立试点。通过试点积累稀土放射性废渣集中处置的管理经验，完善稀土行业放射性废渣市场化治理的管理机制和方法，为在全国大范围全面推行奠定基础。

（4）以核算的稀土资源理论价格为依据，提高稀土资源价格，实现稀土资源开发的生态环境成本内部化。稀土资源定价机制不合理引发了一系列问题，过度开发使我国稀土储量快速消耗，同时矿区生态环境日趋恶化。为保护我国稀缺的矿产资源与生态环境、化解国际贸易争端、破解当前稀土出口“白菜价”的困局，建议按照市场化的原则加快推进稀土定价机制改革，使稀土开采中的资源折耗成本与生态环境外部成本在稀土资源的价格中充分显现。

参考文献

[1] 《稀土工业污染物排放标准》编制组. 2009. http://jz.docin.com/p-94035371.html.

[2] LY/T 1721—2008. 森林生态系统服务功能评估规范[S].

[3] 白丽娜，张利成，王灵秀. 包头稀土生产带来的放射性环境污染及防治措施[J]. 稀土，2001，22（1）：76-78.

[4] 曹东，於方，朱文泉，等. 遥感技术支持下的草地生态系统破坏经济损失评价[J]. 环境科学学报，2011，31（8）：1799-1807.

[5] 曹永丹，曹钊，李解，等. 白云鄂博稀土浮选研究现状及进展[J]. 矿山机械，2013，41（1）：93-96.

[6] 车丽萍，余永富. 我国稀土矿选矿生产现状及选矿技术发展[J]. 稀土，2006，27（1）：95-102.

[7] 陈晋，陈云浩，何春阳，等. 基于土地覆盖分类的植被覆盖率估算亚像元模型与应用[J]. 遥感学报，2001，5（6）：416-422.

[8] 陈利军，刘高焕，冯险峰. 运用遥感估算中国陆地植被净第一性生产力[J]. 植物学报，2001，43（11）：1191-1198.

[9] 陈妙红，等. 连云港市大气、水环境污染经济损失初步估算[J]. 中国人口 • 资源与环境，2004，14（2）：88-93.

[10] 陈明华，周伏建，黄炎和. 土壤可蚀性因子的研究[J]. 水土保持研究，1995，9（1）：19-24.

[11] 陈兴安，程永娥，阎效珊，等. 白云鄂博稀土铁共生矿矿工肺内钍活度及其对健康影响研究的新进展[J]. 中国辐射卫生，1997，6（2）：101-104.

[12] 陈兴安，韩轩茂，程永娥，等. 中国矿工吸入钍尘后健康效应的研究[J]. 中国辐射卫生，2002，11（1）：6-7.

[13] 陈兴安. 切尔诺贝利事故对健康影响的最新权威报告[J]. 中国辐射卫生，2001（2）.

[14] 陈秀昆. 对包头白云鄂博矿稀土资源的思考[J]. 包钢科技，2007，33（1）：1-4

[15] 陈秀昆. 对包头白云鄂博矿稀土资源的思考[J]. 包钢科技，2007，33（1）：1-4.

[16] 陈源泉，高旺盛. 中国粮食主产区农田生态服务价值总体评价[J]. 中国农业资源与区划，2009，30（1）：34-38.

[17] 程建忠，车丽. 中国稀土资源开采现状及发展趋势[J]. 稀土，2010，31（2）：65-69.

[18] 程建忠，车丽萍. 中国稀土资源开采现状及发展趋势[J]. 稀土，2010，31（2）：65-69.

[19] 程建忠，侯运炳，车丽. 白云鄂博矿床稀土资源的合理开发及综合利用[J]. 稀土，2007，28（1）：70-74.

[20] 褚英敏，方海燕，袁再健. GIS 空间分析技术在土壤侵蚀评价中的应用[J]. 水土保持研究，2007，14（3）：239-242.

[21] 代宏文. 矿区生态修复技术[J]. 中国矿业，2010，19（8）：58-61.

[22] 代世峰，李薇薇，唐跃刚，等. 贵州地方病氟中毒的氟源、致病途径与预防措施[J]. 地质论评，2006，52（5）：650 -654.

[23] 党晋华，贾彩霞，徐涛，等. 山西省煤炭开采环境损失的经济核算[J]. 环境科学研究，2007，20（4）：156-160.

[24] 丁淑英，张清宇，徐卫国. 电力生产环境成本计算方法的研究[J]. 热力发电，2007，36（2）：1-4.

[25] 杜长顺，李梅，柳召刚，等. 包头稀土精矿处理现状及建议[J]. 湿法冶金，2010，29（1）：1-4.

[26] 冯嘉，张辉，朱为方，等. 稀土高背景区稀土生物学效应研究. I. 轻稀土区人群血液生化指标[J]. 中国稀土学报，2000，18 （4）：356 -359.

[27] 冯思静，马云东，等. 煤炭资源型城市大气环境污染损失核算研究[J]. 安全与环境，2012，12（5）：138-142.

[28] 高志强，周启星. 稀土矿露天开采过程的污染及对资源和生态环境的影响[J]. 生态学杂志，2011，30（12）：2915-2922.

[29] 关凤峻，米建国，余振国等. 国土资源环境保护与国民经济发展关系研究[R]. 北京：中国国土资源经济研究院，国务院发展研究中心，2006：67-73.

[30] 郭道扬. 绿色成本控制初探[J]. 财会月刊，1997，5：3-7.

[31] 郭荣中，杨敏华. 长株潭地区生态系统服务价值分析及趋势预测[J]. 农业工程学报，2014，30（5）：238-246.

[32] 郭伟，付瑞英，赵仁鑫，等. 内蒙古包头白云鄂博矿区及尾矿区周围土壤稀土污染现状和分布特征[J]. 环境科学，2013，34（5）：1895-1900.

[33] 国家环境保护总局，世界银行. 中国环境经济核算技术指南[R]. 北京：中国环境科学出版社，2006.

[34] 国家统计年鉴. 中国统计年鉴[M]. 北京：中国统计出版社，2014.

[35] 何浩，潘耀忠，朱文泉，等. 中国陆地生态系统服务价值测量[J]. 应用生态学报，2005，16（6）：

1122-1127.

[36] 何家凤. 我国稀土价格波动的特点及成因分析[J]. 价格理论与实践，2012，2：42-43.

[37] 侯元兆，张颖，曹克瑜. 森林资源核算（上卷）[M]. 北京：中国科学技术出版社，2005.

[38] 黄炎和，林敬兰，蔡志发，等. 影响福建省水土流失主导因子的研究[J]. 水土保持学报，2000，14（2）：36-40.

[39] 姜立鹏，覃志豪，谢雯，等. 中国草地生态系统服务功能价值遥感估算研究[J]. 自然资源学报，2007，22（2）：161-170.

[40] 赖丹，王黄茜. 完全与不完全成本下的稀土企业收益比较研究：以南方离子型稀土企业为例[J]. 中国矿业，2014，1：50-53，99.

[41] 雷春文，贾珂君，杨雅君，等. 稀土粉尘对作业工人健康的影响及卫生标准的探讨[J]. 工业卫生与职业病，1991，17（5）.

[42] 雷明. 资源-经济投入产出核算[J]. 经济科学，1996（1）：42- 51.

[43] 黎元生，胡熠. 矿产资源开发与生态恢复补偿机制构建[J]. 中国国土资源经济，2008，21（9）：30-32.

[44] 李国平，华晓龙. 使用者成本与我国非再生能源资源的定价改革[J]. 经济管理，2008，15：61-64.

[45] 李国平，李恒炜. 使用者成本法的完善与美国油气资源使用者成本的估算[J]. 自然资源学报，2013，6：1046-1058.

[46] 李国平，杨洋. 中国煤炭和石油天然气开发中的使用者成本测算与价值补偿研究[J]. 中国地质大学学报（社会科学版），2009，5：36-42.

[47] 李虹，董亮. 发展绿色就业提升产业生态效率——基于风电产业发展的实证分析[J]. 北京大学学报（哲学社会科学版），2011，48（1）：109-118.

[48] 李欢欢，闫文柱，李学业. 包头市水体中放射性水平分析[J]. 北方环境，2013，25（12）：79-82.

[49] 李建. 白云鄂博稀土资源的利用现状、主要问题及解决对策[J]. 山西师范大学学报（自然科学版），2008，22：76-77.

[50] 李金昌. 生态价值论[M]. 重庆：重庆大学出版社，1999.

[51] 李向前，毛显强，张胜. 生态破坏损失价值评估框架研究//中国环境科学学会 2009 年学术年会[C]. 2009.

[52] 李艳君，王建英，郑春丽，等. 包钢尾矿坝及周边土壤重金属复合污染特征[J]. 金属矿山，2011，419（5）：137-140.

[53] 李志学，桂汉卿. 包头地区地下水氟污染及其富集规律[J]. 水文地质工程地质，1980，4：49-50.

[54] 刘鸿忠. 白云鄂博矿放射性元素的主要走向及其防护[J]. 稀土，1982，1：49-55.

[55] 刘桃倩. 白云鄂博矿山生态环境评价分析及修复措施[D]. 北京林业大学，2016.

[56] 刘毅. 稀土开采工艺改进后的水土流失现状和水土保持对策[J]. 水利发展研究，2002，2（2）：30-32.

[57] 龙晓柏，赵玉敏. 世界稀土供求形势与中国应对策略[J]. 国际贸易，2013（3）：23-28.

[58] 卢国珵，王小燕，等. 山东某稀土矿区成人头发中 15 种稀土元素含量及分布特征初探[J]. 现代仪器，2007（1）.

[59] 马国霞，於方，齐霁，等. 基于绿色投入产出表的环境污染治理成本及影响模拟. [J]. 地理研究，2014，33（12）：2335-2344.

[60] 马洪宝，洪传洁. 大气颗粒物污染与慢性呼吸道疾病的影响[J]. 中国公共卫生学报，1992，1（5）：207-210.

[61] 马伟，徐素宁，王润生，等. 基于证据权法的赣南稀土矿山地质环境评价[J]. 地球学报，2015，36（1）：103-110.

[62] 马莹，李娜，王其伟，等. 白云鄂博矿稀土资源的特点及研究开发现状[J]. 中国稀土学报，2016，34（6）：641-649.

[63] 茅于轼，盛洪，杨富强. 煤炭的真实成本[M]. 北京：煤炭工业出版社，2008.

[64] 蒙古大学经济与社会发展研究中心课题组. 包头稀土产业发展战略与对策[J]. 内蒙古大学学报（人文社会科学版），1999，31（4）：104-110.

[65] 孟弘，李振兴. 关于我国稀土产业发展的战略性思考[J]. 科技管理研，2011（16）：29-31.

[66] 潘耀忠，史培军，朱文泉，等. 中国陆地生态系统生态资产遥感定量测量[J]. 中国科学（D 辑：地球科学），2004，34（4）：375-384.

[67] 彭瑞玲，潘小川，解清. 稀土矿区婴幼儿与其母亲头发中稀土含量的研究[J]. 中华预防医学杂志，2003，37（1）.

[68] 彭武珍. 环境价值核算方法及应用研究[D]. 杭州：浙江工商大学，2013.

[69] 朴世龙，方精云，郭庆华. 利用 CASA 模型估算我国植被净第一性生产力[J]. 植物生态学报，2001，25（5）：603-608.

[70] 任英忱，张英臣，张宗清. 白云鄂博稀土超大型矿床的成矿时代及其主要地质热事件[J]. 地球学报，1994，1-2：95-101.

[71] 世界银行. 污染的负担在中国[R]. 2007.

[72] 宋谨信，钱梅芳，王兆松. 赣南某稀土矿工人健康状况及劳动卫生学调查报告[J]. 赣南医专学报，1988，8（1）：56-58.

[73] 宋同清，彭晚霞，曾馥平，等. 喀斯特木论自然保护区旱季土壤水分的空间异质性[J]. 应用生态学报，2009，20（1）：98-104.

[74] 孙睿，朱启疆. 中国陆地植被净第一性生产力及季节变化研究[J]. 地理学报，2000，58（1）：36-45.

[75] 陶波，李克让，邵雪梅，等. 中国陆地净初级生产力时空特征模拟[J]. 地理学报，2003，58（3）：372-380.

[76] 王爱玲，朱文泉，李京，等. 内蒙古生态系统服务价值遥感测量[J]. 地理科学，2007，27（3）：325-330.

[77] 王德，傅伯杰，赵文武，等. 土壤侵蚀模型研究中的几个问题[J]. 干旱区地理，2007，30（3）：406-413.

[78] 王德发，阮大成，王海霞. 工业部门绿色 GDP 核算研究[J]. 环境科学研究，2003（1）：53-56.

[79] 王国珍，唐建. 稀土生产“三废”及放射性污染及治理措施建议[C]//中国稀土资源综合利用与环境保护研讨会论文集. 海口：中国稀土学会地采选专业委员会，2007：147-153.

[80] 王国珍. 我国稀土采选冶炼环境污染及对减少污染的建议[J]. 四川稀土，2006，3：2-8.

[81] 王国珍. 中国稀土资源开采现状及发展策略[J]. 四川稀土，2009，3：4-8.

[82] 王俊兰，丁文华，安卫国. 对稀土酸法冶炼污染治理的探讨[J]. 内蒙古环境保护，2003，15（4）：16-21.

[83] 王立彦. 环境成本核算与环境会计体系[J]. 经济科学，1998，6：54-63

[84] 王其亮，何苗挺，崔广志，等. 我国天然环境电离辐射外照射剂量的调查与评价[J]. 中华放射医学与防护杂志，1987，7：78-83.

[85] 王晓卿，郭呈祥，白丽娜，等. 包钢尾矿坝周围土壤放射性钍污染趋势及其防治措施研究[J]. 辐射管理，2009，29（4）：270-274.

[86] 魏菊英，蒋少涌，万德芳. 内蒙古白云鄂博稀土、铁矿床的硅同位素组成[J]. 地球学报，1994，1-2：102-110.

[87] 魏学好，周浩. 中国火力发电行业减排污染物的环境价值标准估算[J]. 环境科学研究，2003（1）：53-56.

[88] 吴磊，周跃平，钟宏京. 赣南稀土矿区白血病病例对照研究[J]. 中华流行病学杂志，2003（10）879-882.

[89] 吴巧生，孙奇. 我国稀土价格形成机制及策略[J]. 中国矿业，2015，24（1）：29-34.

[90] 吴一丁，廖列法，稀土行业整合的背景、背景和策略[J]. 有色金属科学与工程，2012，3（4）：63-69.

[91] 吴一丁，钟怡宏. 环境成本对稀土企业收益的影响[J]. 会计之友，管理论坛：2015：15-18.

[92] 肖寒，欧阳志云，赵景柱，等. 森林生态系统服务功能及其生态经济价值评估初探——以海南岛尖峰岭热带森林为例[J]. 应用生态学报，2000，11（4）：481-484.

[93] 肖乾广，陈维英，盛永伟，等. 用 NOAA 气象卫星的 AVHRR 遥感资料估算中国的净第一性生产力[J]. 植物学报，1996，38（1）：35-39.

[94] 谢高地，甄霖，鲁春霞，等. 一个基于专家知识的生态系统服务价值化方法[J]. 自然资源学报，2008，23（5）：911-919.

[95] 谢高地. 中国自然草地生态系统服务价值[J]. 自然资源学报，2001，16（1）：48-52. .

[96] 新华社 经济参考报："黑稀土"屡打不绝去年产量超 4 万吨[EB/OL]. http：//jjckb. xinhuanet. com/2015-08/10/c_134497658. htm

[97] 徐忆红，闪红光. 大连市环境污染经济损失估算[J]. 辽宁城乡科技，2001，21（5）：38-41.

[98] 杨芳英，廖合群，金姝兰. 赣南稀土矿产开采环境代价分析[J]. 价格月刊，2013（6）：87-90.

[99] 杨志新，郑大玮，文化. 北京郊区农田生态系统服务功能价值的评估研究[J]. 自然资源学报，2005，20（4）：564-571.

[100] 叶寒栋，李宇红. 污染减排的合理补偿方法的探究[J]. 华东电力，2003（6）：11-13.

[101] 于志刚. 包钢尾矿库区域自然生态环境的恢复与建设[J]. 包钢科技，2006，32（增）：103-105.

[102] 于左，刘岩. 资源枯竭型国有企业的环境代价分析——以抚顺矿务局为例[J]. 资源·产业，2004，6（5）：5-8.

[103] 於方，马国霞，齐霁，等. 中国环境经济核算研究报告：2007—2008[M]. 北京：中国环境科学出版社，2013.

[104] 於方，王金南，曹东，等. 中国环境经济核算技术指南[M]. 北京：中国环境科学出版社，2009.

[105] 岳东霞，杜军，巩杰，等. 民勤绿洲农田生态系统服务价值变化及其影响因子的回归分析[J]. 生态学报，2011，31（9）：2567-2575.

[106] 曾杰，李江风，姚小薇. 武汉城市圈生态系统服务价值时空变化特征[J]. 应用生态学报，2014，25（3）：883-891.

[107] 曾先峰，李国平. 非再生能源资源使用者成本：一个新的估计[J]. 资源科学，2013，2：439-446.

[108] 张宏锋，欧阳志云，郑华，等. 玛纳斯河流域农田生态系统服务功能价值评估[J]. 中国生态农业

学报，2009，17（6）：1259-1264.

[109] 张丽，程素萍，盛晓雅. 白云铁矿矿山绿化生态建设工作综述[J]. 包钢科技，2015，41（4）：83-85.

[110] 张世秋，段彦新，张辉. 环境影响价值评估及程序化设计——以广东燃煤厂为例[J]. 环境科学，1998，1：61-64.

[111] 张文丽，连璞. 煤炭开采中生态成本核算及经济补偿[J]. 中国能源，2008，30（9）：29-31.

[112] 张云，李国平. 论矿产资源使用者成本的补偿机制[J]. 中国地质大学学报（社会科学版），2005，3：42-46.

[113] 张云霞，李晓兵，陈云浩. 草地植被盖度的多尺度遥感与实地测量方法综述[J]. 地球科学进展，2003，18（1）：85-93.

[114] 章铮. 边际机会成本定价——自然资源定价的理论框架[J]. 自然资源学报，1996，2：107-112.

[115] 赵亮，刘吉平，田学智. 近60年挠力河流域生态系统服务价值时空变化[J]. 生态学报，2013，33（10）：3169-3176.

[116] 赵同谦，欧阳志云，贾良清，等. 中国草地生态系统服务功能间接价值评价[J]. 生态学报，2004，24（6）：1101-1110.

[117] 赵同谦，欧阳志云，郑华，等. 中国森林生态系统服务功能及其价值评价[J]. 自然资源学报，2004，19（4）：480-491.

[118] 郑宝山. 包头地区氟的表生地球化学[J]. 地球化学，1983，4：373-379.

[119] 中国生物多样性国情研究报告编写组. 中国生物多样性国情研究报告[M]. 中国环境科学出版社，1998.

[120] 中华人民共和国林业行业标准. 森林生态系统服务功能评估规范[R]. 国家林业局，2008.

[121] 周广胜，张新时. 自然植被净第一性生产力模型初探[J]. 植物生态学报，1995，19（3）：193-200.

[122] 周颜宏，李俊飞. 包头市工业大气氟化物排放对城区环境影响研究[J]. 环境与发展，2015，27（2）：36-41.

[123] 朱为方，徐素琴，等. 赣南稀土区生物效应研究——稀土日允许摄入量[J]. 中国环境科学，1997，17（1）.

[124] 朱为方，张辉，等. 稀土区儿童智商调查研究——赣南稀土区生物效应研究量[J]. 科学通报，1996（10）.

[125] 朱文泉，陈云浩，徐丹，等. 陆地植被净初级生产力计算模型研究进展[J]. 生态学杂志，2005，24（3）：296-300.

[126] 朱文泉，高清竹，段敏捷，等. 藏西北高寒草原生态资产价值评估[J]. 自然资源学报，2011，26（3）：419-428.

[127] 朱文泉，潘耀忠，何浩，等. 中国典型植被最大光利用率模拟[J]. 科学通报，2006，51（6）：700-706.

[128] 朱文泉，潘耀忠，张锦水. 中国陆地植被净初级生产力遥感估算[J]. 植物生态学报，2007，31（3）：413-424.

[129] 朱文泉，张锦水，潘耀忠，等. 中国陆地生态系统生态资产测量及其动态变化分析[J]. 应用生态学报，2007，18（3）：586-594.

[130] 朱祥坤，孙剑. 内蒙古白云鄂博矿床的稀土矿化时代与期次[J]. 地球学报，2012，33（6）：845-856.

[131] 朱志辉. 自然植被净第一性生产力估计模型[J]. 科学通报，1993，38（15）：1422-1426.

[132] Alberto Longo，Anil Markandy，et al. The internalization of externalities in the production of electricity：willingness to pay for the attributes of a policy for renewable energy[J]. Ecological Economics，2008，67（1）：140-152.

[133] Alexandrov G A，Oikawa T，Yamagata Y. The scheme for globalization of a process-based model explaining gradations in terrestrial NPP and its application[J]. Ecological Modelling，2002，148（3）：293-306.

[134] Binggan Wei，Yonghua Li，Hairong Li，et al. are earth elements in human hair from a mining area of China，2013.

[135] Brunekreef B；Beelen R；Hoek G Effects of long-term exposure to traffic-related air pollution on respiratory and cardiovascular mortality in the Netherlands：the NLCS-Air Study HEI Research Report 139，2009.

[136] Camacho-Valdez V，Ruiz-Luna A，Ghermandi A，et al. Effects of Land Use Changes on the Ecosystem Service Values of Coastal Wetlands[J]. Environmental management，2014，54（4）：852-864.

[137] Cao J；Yang C；Li J Association between long-term exposure to outdoor air pollution and mortality in China：a cohort study[J]. 2011.

[138] Costanza R，Darge R，Groot R D，et al. The value of the world's ecosystem services and natural capital[J]. Nature，1997，387：253-260.

[139] Cramer W，Kicklighter D W，Bondeau A，et al. Comparing global models of terrestrial net primary productivity （NPP）：overview and key results[J]. Global Change Biology，1999，5（S1）：1-15.

[140] Curran P J，Williamson H D. Sample size for ground and remotely sensed data[J]. Remote sensing of

environment，1986，20（1）：31-41.

[141] Daily G. Developing a scientific basis for managing Earth's life support systems[J]. Conservaion Ecology，1999，3：14.

[142] De Groot R S，Wilson M A，Boumans R M. A typology for the classification，description and valuation of ecosystem functions，goods and services[J]. Ecological Economics，2002，41（3）：393-408.

[143] Diptiranjan Mahapatra，Priyadarshi Shukla，et al. External cost of coal based electricity generation：A tale of Ahmedabad city[J]. Energy Policy，2012（49）：253-265.

[144] Distribution Characteristics of Rare Earth Elements in Children's Scalp Hair from a Rare Earths Mining Area in Southern China Journal of Environmental Science and Health，Part A：Toxic/Hazardous Substances and Environmental Engineering，Volume 39，Issue 9，2004.

[145] Dockery DW；Sc D；Pope CA Ⅲ An association between air pollution and mortality in Six U. S. Cities[J].

[146] Ehrlich P. Extinction，substitution，and ecosystem service[J]. Bioscience，1983，33（4）：248-254.

[147] Eziz M，Yimit H，Tursun Z，et al. Variations in Ecosystem Service Value in Response to Oasis Land-use Change in Keriya Oasis，Tarim Basin，China[J]. Natural Areas Journal，2014，34（3）：353-364.

[148] Fu F，Akagi T，Yabuki S，et al. The Variation of REE （Rare Earth Elements）Patterns in Soil-grown Plants：A New Proxy for the Source of Rare Earth Elements and Silicon in Plants [J]. Plant and Soil，2001，235（1）：53-64.

[149] Goetz S J，Prince S D，Goward S N，et al. Satellite remote sensing of primary production：an improved production efficiency modeling approach[J]. Ecological Modelling，1999，122（3）：239-255.

[150] Gutman G，Ignatov A. The derivation of the green vegetation fraction from NOAA/AVHRR data for use in numerical weather prediction models[J]. International Journal of Remote Sensing，1998，19（8）：1533-1543.

[151] Helliwell D. Valuation of wildlife resources[J]. Regional Studies，1969，3：41-49.

[152] Hoek G；Brunekreef B；Goldbohm S Association between mortality and indicators of traffic-related air pollution in the Netherlands：a cohort study[J]. 2002.

[153] Holdren J，Ehrlich P. Human population and the global environment[J]. American Scientist，1974，62：282-292.

[154] Hunt，A. ，Markandya，A. ，et al. NewExT：WorkPackage 2：Mortality Risk Valuation—Final Report.

Brussels：European Commission，2004.

[155] Ito A，Oikawa T. A simulation model of the carbon cycle in land ecosystems （Sim-CYCLE）：a description based on dry-matter production theory and plot-scale validation[J]. Ecological Modelling，2002，151（2）：143-176.

[156] J. V. Spadaro，A. Rabl. External Costs of Energy ：Application of the Externe Methodology in France[R]. Paris ：Ecole des Mines，1998.

[157] Jerrett M；Burnett RT；Pope CA Ⅲ Long-term ozone exposure and mortality[J]. 2009.

[158] Jiang H，Apps M J，Zhang Y，et al. Modelling the spatial pattern of net primary productivity in Chinese forests[J]. Ecological Modelling，1999，122（3）：275-288.

[159] King R T. Wildlife and Man[J]. NY Conservationist，1966，20：8-11.

[160] Krewitt，W. External costs of energy—do the answers match the questions？ Looking back at 10 years of ExternE[J]. Energy Policy，2005，30（10）：839-848.

[161] Kuhn. I. The potential role of external cost estimates in liberalized energy markets [A]. The Fourth IAEE/GEE Conference in Berlin [C]，1998.

[162] Laden F；Schwartz J；Speizer FE Reduction in fine particulate air pollution and mortality：extended follow-up of the Harvard six cities study[J]. 2006.

[163] Laden F；Schwartz J；Speizer FE Reduction in fine particulate air pollution and mortality：extended follow-up of the Harvard six cities study [J]. 2006.

[164] Leith H，Wittaker R. Modeling the primary productivity of the world：Primary Productivity of the Biosphere，New York，1975[C]. Springer Verlag.

[165] McGuire A D，Melillo J M，Kicklighter D W，et al. Equilibrium responses of soil carbon to climate change：empirical and process-based estimates[J]. Journal of Biogeography，1995：785-796.

[166] Merritt W S，Croke B F，Jakeman A J. Sensitivity testing of a model for exploring water resources utilisation and management options[J]. Environmental Modelling & Software，2005，20（8）：1013-1030.

[167] Miller KA；David S；Siscovick MD Long-term exposure to air pollution and incidence of cardiovascular events in women[J]. 2007.

[168] Moberg F，Folke C. Ecological goods and services of coral reef ecosystems[J]. Ecological Economics，1999，29：215-233.

[169] Nachtergaele J，Poesen J，Steegen A，et al. The value of a physically based model versus an empirical

approach in the prediction of ephemeral gully erosion for loess-derived soils[J]. Geomorphology，2001，40（3）：237-252.

[170] Norberg J. Linking nature's services to ecosystems ： some general ecological concepts[J]. Ecological Economics，1990，29：183-202.

[171] P J Haley. Pulmonary Toxicity of Stable and Radioactive Lanthanides[J]. Health Phys. 1991 Dec；61（6）：809-820.

[172] Parton W J，Scurlock J，Ojima D S，et al. Observations and modeling of biomass and soil organic matter dynamics for the grassland biome worldwide[J]. Global Biogeochemical Cycles，1993，7（4）：785-809.

[173] Parton W，Scurlock J，Ojima D. Obserbations and modeling of biomass and soil organic matter dynamics for the grassland biome worldwide[J]. Global Biogeochemical Cycles，1993，7：785-790.

[174] Paul R. Epstein，Jonathan J. Buonocore，et al. Full cost accounting for the life cycle of coal[J]. Ecological Economics Reviews，2011（1219）：73-98.

[175] Perrin C，Michel C，Andréassian V. Does a large number of parameters enhance model performance? Comparative assessment of common catchment model structures on 429 catchments[J]. Journal of Hydrology，2001，242（3）：275-301.

[176] Pope CA Ⅲ；Burnett RT；Thun MJ Lung cancer，cardiopulmonary mortality，and long-term exposure to fine particulate air pollution[J]. 2002.

[177] Potter C，Randerson J，Field C. Terrestrial ecosystem production：A process model based on global satellite and surface data[J]. Global Biogeochemical Cycles，1993，7：811-841.

[178] Prince S D，Goetz S J，Goward S N. Monitoring primary production from earth observing satellites[J]. Water，Air，and Soil Pollution，1995，82（1-2）：509-522.

[179] R Dones，T Heck，C Bauer，et al. ExternE-Pol Externalities of Energy：Extension of Accounting Framework and Policy Applications ，Final Technical Report[R]. European Commission，2005.

[180] Running S W，Coughlan J C. A general model of forest ecosystem processes for regional applications I. Hydrologic balance，canopy gas exchange and primary production processes[J]. Ecological Modelling，1988，42（2）：125-154.

[181] S Hirano ，K T Suzuk Exposure，Metabolism，and Toxicity of Rare Earths and Related Compounds [J]. Environ Health Perspect. Mar 1996；104（Suppl1）：85-95.

[182] SCEP. Man's Impact on the Global Environment：Assessment and recommendations for Action[M]. MIT

Press，1970.

[183] US EPA Report：Rare Earth Elements：A Review of Production，Processing，Recycling，and Associated Environmental Issues. EPA 600/R-12/572 | December 2012 | www. epa. gov/ord.

[184] Warnant P，Francois L，Strivay D. CARAIB：A global model of terrestrial biological productivity[J]. Global Biogeochemical Cycles，1994，8：255-270.

[185] Westman W. How much are nature's service worth？[J]. Science，1977，197：960-964.

[186] WGMEA. Ecosystems and Human Well-Being：A Framework for Assessment[M]. Washington，Covelo，London：Island Press，2003.

[187] Whittaker R H，Likens G E. The biosphere and man[M]. Springer，1975：305-328.

[188] Wilson A D，Abraham N A，Barratt R，et al. Evaluation of methods of assessing vegetation change in the semi-arid rangelands of southern Australia. [J]. The Rangeland Journal，1987，9（1）：5-13.

[189] World Health Organization. WHO Air quality guidelines for particulate matter，ozone，nitrogen dioxide and sulfur dioxide[EB/OL]. http：//whqlibdoc. who. int/hq/2006/WHO_SDE_PHE_OEH

[190] Wu S，Zhou S，Chen D，et al. Determining the contributions of urbanisation and climate change to NPP variations over the last decade in the Yangtze River Delta，China[J]. Science of the Total Environment，2014，472：397-406.

[191] Zhao B，Kreuter U，Li B，et al. An ecosystem service value assessment of land-use change on Chongming Island，China[J]. Land Use Policy，2004，21（2）：139-148.

[192] Zhou Q，Robson M，Pilesjo P. On the ground estimation of vegetation cover in Australian rangelands[J]. International Journal of Remote Sensing，1998，19（9）：1815-1820.